Gees, Siel en Liggaam II

Die Verhaal van die Geestelike Wêreld in die Ruimte Ontvou!

Gees, Siel en Liggaam II

Dr. Jaerock Lee

URIM BOOKS

Gees, Siel en Liggaam II deur Dr. Jaerock Lee
Gepubliseer deur Urim Boeke (Verteenwoordiger: Johnny. H. Kim)
235-3, Guro-dong 3, Guro-gu, Seoul, Korea
www.urimbooks.com

Alle teksverwysings is geneem vanuit Die Bybel, Nuwe Vertaling (met
herformulerings) 1975, 1979, 1983, 1986 deur die Byybelgenootskap van
Suid Afrika.

Kopiereg 2012 by Dr. Jaerock Lee
ISBN: 979-11-263-1250-4 03230
Vertaling Kopiereg 2012 deur Dr. Esther K. Chung. Gebruik met
toestemming.

Eerste Publikasie November 2012

Voorheen in Koreaans deur Urim Boeke gepubliseer in 2010.
Geredigeer deur Dr. Geumsun Vin
Ontwerp deur Redaksionele Buro van Urim Boeke
Vir meer inligting kontak: urimbook@hotmail.com

Voorwoord

Vanaf die tyd wat ek Jesus Christus aangeneem het, en begin het om die Bybel te lees, het ek so inniglik begin bid, om God se hart te verstaan. God het my na sewe jaar van ontelbare gebede en vasperiodes geantwoord. Nadat ek 'n kerk geopen het, het God aan my baie moeilike gedeeltes in die Bybel, deur die inspirasie van die Heilige Gees verduidelik, waarvan een die breedvoerige inhoud rakende 'Gees, Siel en Liggaam' is. Dit is die verborge verhaal wat ons die mens se oorsprong, sowel as onsself laat verstaan. Dit is die berig wat ek nie in staat was om elders te hoor nie, en dit verskaf aan my die vreugde wat onbeskryflik is.

Toe ek hierdie boodskappe van gees, siel en liggaam gelewer het, was daar baie getuienisse en reaksies, beide vanaf binne Korea sowel as van oorsee. Baie het gesê dat hulle hulself herken, en nou verstaan watter soort wesens hulle is, en antwoorde op baie moeilike gedeeltes in die Bybel ontvang het, asook die weg nou verstaan om ware lewe te verkry. Sommige van daardie mense sê dat hulle nou die doelwit het, om 'n persoon van gees te word, en aan God se goddelike natuur deel te neem en daarna strewe om dit te behaal, soos opgeteken staan in 2 Petrus 1:4, wat lees, "Deur dit te doen, het Hy ons die kosbaarste en allergrootste gawes geskenk wat Hy belowe het. Daardeur kan julle die verderf ontvlug wat deur begeerlikheid in die wêreld werksaam is, en deel kry aan die Goddelike natuur."

Sun Tzu se The Art of War sê, dat indien jy jouself en jou vyand ken, sal jy nooit enige stryd verloor nie. Die boodskappe oor "Gees, Siel en Liggaam" werp lig op die dieper gedeelte van 'onsself', en ons leer omtrent die mens se oorsprong. Sodra ons die boodskap deeglik geleer en verstaan het, sal ons in staat wees om enige soort persoon te verstaan. Ons sal ook maniere leer om die magte van die duisternis te verslaan, wat ons geaffekteer het, sodat ons oorwinnende Christelike lewens kan lei.

Volume 2 van Gees, Siel en Liggaam wil in besonderhede verduidelik, omtrent die oorsprong van God die Skepper, die groot geestelike ruimte en die ruimte van lig, waar ons gees sal woon. Daar is ook 'n paar volgrootte kleurfotos om die vorm van God en die ruimte beter te verstaan. Wanneer ons die geheime van die ruimtes verstaan, en 'n persoon van volkome gees geword het, kan ons verby die menslike beperkinge beweeg, om God se ruimte te gebruik, en ons kan selfs God se vorm sien. Dit is waarom Jesus in Johannes 14:12 sê, "Dit verseker Ek julle: Wie in My glo, sal ook die dinge doen wat Ek doen; en hy sal nog groter dinge as dit doen, omdat Ek na die Vader toe gaan."

Ek wil graag my dank betuig teenoor die Direkteur, Geumsun Vin, en al die personeellede van die Redaksionele Buro. Ek hoop dat met behulp van hierdie boek, sal die lesers die nodige kwalifikasies verkry, om die ligruimte te kan ingaan, en die wonderlike ruimtes van God te ervaar.

Maart 2010,
Jaerock Lee

Aanvang van die Tweede Reis van Gees, Siel en Liggaam

"Mag God, wat vrede gee, julle volkome aan Hom toegewyd maak en julle geheel en al, na gees, siel en liggaam, so bewaar dat julle onberispelik sal wees wanneer ons Here Jesus Christus weer kom!" (1 Tessalonisense 5:23)

Vandag, is die kuberruimte vir enigiemand, wie toegang tot die Internet het beskikbaar, maar mense maak op verskillende wyses daarvan gebruik, ooreenkomstig tot die mate van hulle kennis van rekenaars en Internet-verwante vaardighede, wat hulle het. Eweneens, tot die mate wat ons God se ruimte verstaan, kan ons die verbasende wonderwerke in die Bybel verstaan, en sulke werke van God in ons daaglikse lewens ervaar.

Die Bybel vertel vir ons van baie gebeurtenisse, waaruit ons die ruimtes van God kan verstaan. Toe Stefanus gemartel was deur steniging, het die Hemelhek oopgegaan, en het hy die Seun van die mens aan die regterhand van God sien staan (Handelinge 7:56). Dit was moontlik gemaak, omdat God die ruimte van die vierde hemel oopgemaak het. Petrus was gevange geneem terwyl hy die evangelie verkondig het, maar was met die hulp van die engele weer vrygelaat. Die apostel Paulus het 'n soortgelyke ervaring deurgemaak, toe hy in Filippi in die gevangenis geplaas was. God het die ruimte van die derde hemel oopgemaak, en 'n kragtige engel gestuur om die kettings los te maak, en die hekke te open.

Wanneer ons, ons hart tot volkome gees ontwikkel het, sal ons in staat wees om die ruimte van God op die aarde te gebruik, en niks sal onmoontlik wees nie. Verder, sal ons die ewige lewe en seëninge, in Nuwe Jerusalem in die toekoms geniet. Aan die ander kant, vir 'n persoon wie nog nie in volkome gees ingegaan het nie, hy/sy moet vervul word met die mate van geregtigheid, om in staat te wees om God se ruimte te kan gebruik. Hierdie boek is vol verhale wat in die eindlose geestelike ruimte versprei is.

Hierdie boek help die lesers om die volgende te doen:

1. Dit help hulle om die liefde van God, wie die ruimtes, groottes en lig en duisternis in Sy voorsienigheid van die menslike ontwikkeling, om ware kinders te verkry, verdeel het te verstaan. Wanneer ons Jesus Christus aanneem en met geloof handel, kan ons die reg as kinders van die lig geniet, en die pragtige ruimte van lig ingaan.

2. Die Hemel is in die ruimte van lig. Dit is verdeel in baie woonplekke, vanaf die Paradys tot Nuwe Jerusalem. Ons sal daar in die Hemel in volmaakte hemelse liggame woon. Ons sal die ewige lewe geniet, wat met blydskap en vreugde gevul is, en dit is God se geskenk aan ons.

3. Dit is God se krag alleen, wat ons ware kinders van God kan maak, wie God se beeld het. Deur God se krag, kan ons die pragtige ligruimte ingaan en ook die wonderlike en kragtige werke, bokant die menslike beperkinge op hierdie aarde ervaar.

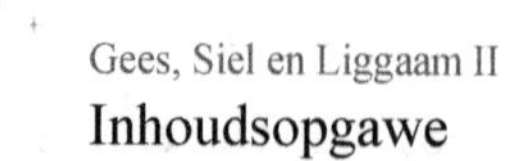

Inhoudsopgawe

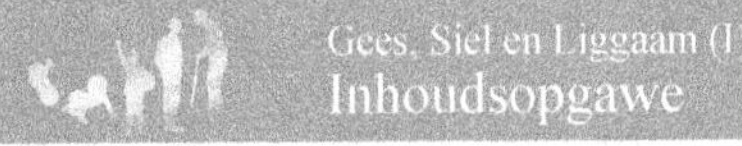
Gees, Siel en Liggaam (I)
Inhoudsopgawe

Gees, Siel en Liggaam II

Groot Ruimte van die Geestelike Koninkryk

Wat het in die Hemel Gebeur Voor die Skepping?
Hoe was die Ruimte van Lig en die Ruimte van Duisternis Gevorm?

"Dit is nou die boodskap wat ons by Hom gehoor het en aan julle verkondig: God is lig, en daar is geen duisternis in Hom nie." 1 Johannes 1:5

"Tot eer van Hom wat ry deur die hemele, die hemele wat van die begin af daar is! Hy laat sy stem, sy magtige stem, weerklink!"
Psalm 68:34

Hoofstuk 1
Duisternis en Lig

Daar is nie alleenlik lig en duisternis in die sigbare wêreld nie, maar daar is ook in die geestelike wêreld ruimtes van lig en duisternis. Wat is die rede dat God toegelaat het dat die ruimte van duisternis bestaan, en wie is die regeerder van duisternis?

Groot Geestelike Ruimte en die Oorspronklike God

God het die Menslike Ontwikkeling Beplan

Die Oorspronklike God Word die Drie-eenheid

God Skep Engele en Gérubs

Die Gevalle Rebellie van Lucifer

God se Voorsienigheid om Lig en Duisternis te Skei

Toe jy nog 'n kind was, het jy ooit aan die slaap geraak, terwyl jy besig was om die aantal sterre in die hemelruim te tel? Ek glo baie van julle het nog so 'n herinnering. Daar is so baie sterre wat met die blote oë gesien kan word, maar daar is ontelbare ander sterre wat nie sigbaar is nie. Hoe groot is die heelal?

Selfs met die ontwikkelde wetenskap, was die mens nog nie in staat, om die presiese grootte van die heelal te bereken nie. Dit is omdat dit 'n eindelose groot ruimte is. Die planete soos die Aarde kom byeen om 'n sonnestelsel te vorm, en baie sonnestelsels en ander hemelse liggame kom byeen, om 'n sterrestelsel te vorm. Veelvuldige getalle sterrestelsels vorm 'n groep sterrestelsels, en groepe sterrestelsels vorm mikrokosmos en mikrokosmose vorm die groot heelal.

Die grootte van ons sonnestelsel in ons sterrestelsel word slegs as 'n klein stippel gesien. Hierdie sterrestelsel is ook soos 'n blote stippel, in vergelyking met die grootte van die totale heelal. Hierdie fisiese heelal alleen, kan nie met die mees gesofistikeerde wetenskaplike toerusting opgemeet word nie. Maar, in vergelyking met die geestelike ruimte, is dit ook slegs 'n baie klein gedeelte.

Ter byvoeging tot hierdie fisiese heelal wat ons sien, is daar 'n geestelike ruimte wat eindeloos strek tot in 'n ander grootte. Die

Bybel meld van veelvoudige getalle van 'hemele'.

Deuteronomium 10:14 lees, "Die hemel, selfs die hoogste hemel, behoort aan die Here jou God, ook die aarde en alles daarop," en Nehemia 9:6 lees, "Dit is U! U alleen is Here! U het die hemel gemaak, die hoogste hemel en sy hele leërmag, die aarde en alles daarop, die oseane en alles daarin. U laat hulle almal lewe; die hemelse leërmag buig voor U."

Hoe het so baie hemele begin om te bestaan, en wat het in hierdie hemel gebeur, voor die skepping van hierdie wêreld? Laat ons teruggaan na die tyd, voor die skepping van hierdie wêreld. Dit was voordat die heelal en die sterrestel wat ons ken, bestaan het. Die heelal van daardie vroeë tyd, was nie dieselfde heelal wat ons nou ken nie. Dit was net een groot ruimte, sonder die skeiding tussen die geestelike ruimte en die fisiese ruimte.

Groot Geestelike Ruimte en die Oorspronklike God

Die groot geestelike ruimte verwys na die oorspronklike heelal as 'n geheel. Dit was hierdie ruimte wat die oorspronklike God bewerk het, voor die ontstaan van tyd. Hier verwys 'oorspronklike God' na God, wie as lig en stem bestaan het, voor die skepping. Die oorspronklike heelal verwys na die heelal, waar die oorspronklike God alleen bestaan het.

Wat was die oorspronklike voorkoms van God? Stel jou voor, pragtige ligte vul die eindelose groot heelal, en daardie ligte swel en rol soos golwe. Soos 1 Johannes 1:5 sê, "God is Lig," God strek uit, regdeur die oorspronklike heelal in die vorm van sulke mooi en helder ligte.

Die 'dagbreke' help ons om die vorm van die oorspronklike God te verstaan. Dagbreke word in die hemelruime naby die Poolstreke gesien. Hulle het gewoonlik pragtige rooi, blou, geel, liggroen, of pienk kleure. Daar word gesê, dat die dagbreekligte is so mooi, dat hulle wie dit gesien het, nooit die skoonheid daarvan kan vergeet nie.

Romeine 1:20 sê, "Van die skepping van die wêreld af kan 'n mens uit die werke van God duidelik aflei dat sy krag ewigdurend is en dat Hy waarlik God is, hoewel dit dinge is wat 'n mens nie met die oog kan sien nie. Vir hierdie mense is daar dus geen verontskuldiging nie." God het sulke ligte soos die dagbreekligte geskep, sodat ons in staat sal wees om die oorspronklike God se voorkoms te verstaan, wanneer ons oor die oorspronklike God wonder.

Die oorspronklike God het 'n helder en suiwer, maar nogtans 'n verhewe stem in die ligte wat soos golwe rol. Het jy al die ritselende soort geluide gehoor, wat met 'n ligte bries gepaard gaan? In die wind wat vanaf die see waai, kan jy die sagte geluide van die golwe hoor. Soortgelyks, op die manier wat die geluide in die wind gedra word, weerklink die stem vanuit die lig self, welluidend. Soos wat klank deur die wind gedra word, versprei die oorspronklike stem, saam met die oorspronklike ligte, regdeur die totale heelal terwyl dit terselfdertyd omhels word.

Nogtans, al hoor jy die stem van God net een keer, sal jy nooit in staat wees om daardie stem te vergeet nie. Ek het dit 'n paar keer gehoor, en dit was so verhewe, suiwer en rein. Dit beteken dat, dit so vernaam en suiwer is. Die stem van God is eintlik baie duidelik en suiwer, sag en nogtans is dit in staat om deur die totale heelal te weerklink.

Johannes 1:1 sê, "In die begin was die Woord daar, en die

Woord was by God, en die Woord was self God." Hierdie Woord wat in die begin daar was, is die oorspronklike stem wat vanuit die oorspronklike lig weerklink het. Die boonste vers druk God as die 'Woord' uit, wat die wese, eerder as die vorm van God is, wie die lig is. Die 'Woord' is die inhoud, en 'God' is die naam wat aan die inhoud gegee word. So, die wese van God is 'Woord', en Sy bestaan was in die vorm van ligte en stem, wat die totale heelal gevul het.

God het die Menslike Ontwikkeling Beplan

Op 'n sekere stadium in die grenslose tydlyn, het God wie alleen bestaan het, die 'menslike ontwikkeling' beplan:

'Wat indien daar 'n wese was wat kennis omtrent hierdie groot heelal en My hart gehad het, en liefde met My kon deel? Wat indien hy my hart kon verstaan en ontvang, asook die emosies wat ek met hom deel, en hy sy hart vir My in ruil daarvoor kon gee? Wat 'n gelukkige en vreugdevolle ding sou dit wees!'

God wou 'n ander wese gehad het, met wie Hy kon kommunikeer en alles in die heelal kon deel. In besonder, wou God 'n wese gehad het, met wie Hy Sy liefde kon deel. God het die plan van die 'menslike ontwikkeling' met 'n begeerte gemaak, om 'n nuwe werksaamheid te begin, om Sy ware kinders te verkry.

Wat dink jy het God eerste vir die menslike ontwikkeling beplan? God het voorheen as lig bestaan, wat regdeur die totale heelal versprei was, maar Hy het by die toppunt van die geestelike koninkryk saamgesmelt, en begin om 'n ligvorm te hê. Soos wat Hy as een lig verenig het, was verskillende 'hemele' gevorm. Hier, is 'hemel' sinoniem met die ruimte in die heelal. Eerstens, was daar slegs een oorspronklike heelal, maar soos wat die oorspronklike God saamgesmelt het en as een lig verenig het, was verskillende ruimtes in die heelal gevorm. Dit is omdat, soos wat die ligte wat regdeur die heelal versprei was, saamsmelt en by die toppunt van die geestelike koninkryk verenig, word verskillende ruimtes gevorm, ooreenkomstig tot die helderheid van die lig.

In die verlede was die helderheid van die lig orals dieselfde, in die oorspronklike heelal, maar nou, het die toppunt van die geestelike koninkryk die helderste geword. Byvoorbeeld, indien jy 10,000 ligte eners in 'n saal plaas, sal die helderheid orals in die saal dieselfde wees. Maar wat sal gebeur indien jy een lig, waarvan die helderheid dieselfde is as daardie van die 10,000 ligte, in die middel van die saal plaas? Hoe nader aan die middelarea, hoe helderder sal die lig wees, en die omgekeerde is ook waar, namate die afstand toeneem. Net so, wanneer die oorspronklike lig een verenigde lig word, word verskillende ruimtes geskep, ooreenkomstig die verskille van die ruimtes se helderheid.

Die oorspronklike lig is 'n geestelike lig, en soos die helderheid daarvan verander, sal die digtheid van die geestelike natuur verander. Wanneer die oorspronklike lig saamkom as een gekondenseerde lig, sal die helderheid van die lig en die digtheid van gees minder dig word, soos wat die afstand vanaf die bron toeneem. So, die oorspronklike heelal wat as een ruimte bestaan het, was in vier verskillende heelalle verdeel, ooreenkomstig die helderheid van die lig en die digtheid van gees. God het hulle die eerste, tweede, derde en vierde hemele genoem.

Die plek waar God die Oorspronklike verenig het as die een lig, is 'n baie spesiale plek wat aan die vierde hemel behoort. Daarom, die lig in die vierde hemel is die helderste, en so ook die gees se digtheid. Die derde hemel het minder helderheid van lig en digtheid van gees as die vierde hemel, en so is dit ook in die tweede hemel se geval. Die geestelike koninkryk bestaan uit die tweede tot die vierde hemele. Die eerste hemel is die fisiese heelal wat ons met die oë sien. Dit is 'n heelal waar die gees van die natuur feitlik heeltemal weggeneem was, toe God as een lig verenig het, en dit gevul geword het met die natuur van vlees in plaas van gees.

In die fisiese ruimte, wanneer jy 'n sekere ruimte in vier dele opdeel, is elke deel kleiner as die oorspronklike deel. In die geestelike ruimte is dit egter nie die geval nie. Dit is, omdat daar in die geestelike ruimte geen beperkinge is nie. Toe die groot grenslose heelal in vier verdeel was, was dit vier grenslose heelalle. Daarom, hoewel die oorspronklike heelal in vier hemele verdeel was, was daar op elke hemel geen beperking nie. Nie alleenlik die Tweede, Derde en Vierde Hemele nie, maar die Eerste Hemel wat 'n vleeslike wêreld is, het ook geen beperking nie.

God laat daar hierdie verskillende hemele wees, ooreenkomstig die gebruik daarvan. Eerstens, het God die Eerste Hemel afgesonder, vir die plek van die menslike ontwikkeling. Die Tweede Hemel was voorberei, as 'n ruimte vir die geeste van duisternis, wat vir die menslike ontwikkeling nodig is. Dit was egter ook vir Adam, wie as 'n lewende gees geskep was, nodig. Die Derde Hemel was afgesonder, om die hemelse koninkryk te bou, waar die goeie koring wat deur die menslike ontwikkeling verkry sou word, kon ingaan. Ten slotte, die vierde Hemel Hemel is die ruimte van God die Drie-eenheid. Dit is dieselfde grootte as die heelal wat, as die oorspronklike ruimte bestaan het.

Toe die oorspronklike heelal in vier hemele verdeel was, was daardie hemele nie met enige inhoud gevul nie. Dit beteken egter nie, dat hulle volkome leeg was nie. Daar was ontelbare sterre in die oorspronklike heelal. In die Eerste Hemel, ons Aarde, was die sonnestelsel en ons sterrestelsel nog nie gemaak nie. Die Derde Hemel, die koninkryk van die hemel, was ook nog nie gemaak nie. Dit was net 'n geskikte plek om die hemelse koninkryk te maak. Na die skeiding van die ruimtes, het God begin om hierdie ruimtes met Sy skeppingswerke te vul.

Die Oorspronklike God het die Drie-eenheid Geword

Na die vereniging as een lig, het God eerstens Homself in drie ligte verdeel. Hier, wanneer gesê word dat 'n lig in drie ligte verdeel,' is die idee nie dat 'n sekere lig in drie stukke verdeel word nie. Dit is eerder soos twee meer identiese ligte binne die oorspronklike een lig wat daaruit voortkom. Alhoewel die oorspronklike lig in drie verdeel, is hierdie drie ligte nie verdeel of verskillend nie, maar is dieselfde as die oorspronklike.

Die oorspronklike lig het as een bestaan, en die ander twee ligte was nuut gevorm. Nadat dit drie ligte geword het, het die ligte 'n geestelike vorm aangeneem, wat soos 'n mens is. Hulle het as God die Vader, God die Seun en God die Heilige Gees begin bestaan. Nadat God die Oorspronklike in God die Drie-eenheid verdeel het, het elkeen van die Drie-eenheid hulle eie geestelike liggaam aangeneem, wat 'n bietjie van mekaar verskil. Maar die geeste binne die geestelike liggame het voortgekom, vanaf dieselfde oorspronklike God, so iemand mag sê dat die

Drie-eenheid dieselfde hart, gedagtes, krag en wysheid het.

Dit is waarom ons na God die Vader, God die Seun en God die Heilige Gees as die Drie-eenheid verwys. God die Drie-eenheid het eerstens die dinge geskep, wat nodig was vir die ruimte waar God gewoon het. Toe God alleen as lig met 'n verhewe stem bestaan het, het Hy nie 'n woonplek nodig gehad nie. Maar omdat hy nou 'n vorm het, benodig Hy 'n woonplek.

Wanneer God die Drie-eenheid in die Vierde Hemel bly, mag Hy of mag Hy nie 'n vorm aanneem nie. Hy kan Sy vorm verander in die Vierde Hemel soos wat Hy wil, en omdat Hy somtyds 'n vorm aanneem, is daar 'n woonplek daar. God het altyd 'n vorm in die Derde Hemel, wat altyd die koninkryk van die hemel akkommodeer, en dit is waarom Hy vir Homself daar 'n woonplek geskep het. God het ook begin om geestelike wesens te skep, wat aan Hom hulp sou verleen.

God Het Engele en Gérubs Geskep

Daar is twee soorte van geestelike wesens wat God geskep het; hulle is 'engele' en 'gérubs.' 'n Engel is amper dieselfde in sy vorm as die van 'n mens, behalwe dat dit vlerke het (Die Openbaring 14:6). Die mens was volgens God se beeld geskep, en so ook die engele (Markus 16:5). Dit is net dat engele slegs die uiterlike beeld van God het, terwyl mense die uiterlike beeld sowel as die hart van God het.

Wat omtrent die grootte van die engele? Daar is engele wat dieselfde as mense is. Nietemin, daar is baie klein engele en groot engele ook. Hulle het die vorm en karaktereienskappe ooreenkomstig hulle rolle.

Byvoorbeeld, indien daar 'n engel is wat die rol van 'n

weermag-generaal vertolk, sal 'n engel met 'n fors voorkoms meer toepaslik wees. Vir dans en sing sal vroulike engele meer toepaslik wees. Natuurlik, dit beteken nie dat daar geen fors engele is, wat ook dans nie. Net soos wat daar manlike dansers in die wêreld is, wat hulle rolle vertolk, is daar ook manlike engele. Maar, hulle bestaan as fors of vroulike engele in voorkoms of karakter, beteken nie dat hulle 'n geslag het nie. Dit beteken net dat hulle voorkoms en optredes waarneembaar is, soos die van 'n man of 'n vrou.

Engele dien God en vervul hulle pligte, volgens God se opdrag. Daar is baie soorte pligte, en daar is ontelbare getalle engele.

Al die engele het rondom die troon, die ouderlinge en die vier lewende wesens gestaan. Hulle het toe voor die troon gekniel met hulle gesigte na die grond toe en het God aanbid (Die Openbaring 7:11).

Toe het ek 'n ander engel, 'n sterke, uit die hemel uit sien afkom. Hy het 'n wolk om hom gehad en 'n reënboog bokant sy kop. Sy gesig was soos die son en sy bene soos vuurpilare (Die Openbaring 10:1).

Is hulle dan nie almal geeste in diens van God, wat Hy uitstuur om dié te dien wat die saligheid gaan beërf nie? (Hebreërs 1:14).

Tussen hulle is daar engele aan wie daar 'n unieke plig in die geestelike koninkryk gegee is, terwyl ander engele op die aarde

God se kinders versorg. Die aantal engele wat aan elke gelowige toegeken word, sal verskil ooreenkomstig tot die mate waartoe elke persoon geheilig is, om mense van gees of volkome gees te word. Die gesagslyn tussen die engele is vasgestel, en word streng nagevolg, ooreenkomstig tot die geestelike gesagslyn van hulle meesters. Ook, is daar engele wat aan elke individuele persoon toegeken is, ongeag of hy 'n gelowige is of nie. Hulle is die engele wat elke enkele woord en daad van elke persoon, wie op die aarde lewe, opteken.

Terwyl engele die beeld van mense het, het die gérubs die vorms van verskeie diere. Daardie gérubs wat die plig het om God te vergesel, het die vorms van verskeie diere soos leeus, arende koeie of osse. Psalm 18:11 lees, "Hy het op 'n gérub geklim en gevlieg; op die vleuels van die wind het Hy nader gesweef."

Drake, wat mense dink slegs 'n denkbeeldige dier is, was eintlik as een van die gérubs geskep. Die draak wat God aanvanklik geskep het, was mooi en lieflik, en dit was vir God soos 'n troeteldier gewees. Dit het 'n sagte pels en hande en voete gehad, met verskeie pragtige kleure wat onbeskryflik mooi was. Drake was die hoof van die gérubs, met 'n groot mate van krag en mag. Hulle het 'n groot getal boodskappers onder hulle beheer gehad.

Tussen die gérubs is die 'vier lewende wesens'. Hulle lyk soos 'n soliede stuk staal met 'n donker kleur. Die vier lewende wesens bring rampe en strawwe, op God se bevel. Hulle vertoon God se waardigheid en mag. Hulle het een kop, maar vier gesigte wat lyk soos gesigte van 'n man, 'n leeu, 'n kalf en 'n arend. Hulle kom voor, asof dit vier persone is waarvan die rûe na binne gedraai is, en die gesigte na buite vertoon. In die middelgedeelte is daar 'n vlam wat op en af beweeg. Hulle hele liggaam is met oë bedek, wat alles dophou.

Toe God die engele en die gérubs geskep het, het Hy nie aan hulle 'n eie vrye wil gegee, soos vir die mense nie. Hulle kon net ooreenkomstig die gesagslyn, God se opdragte gehoorsaam. Selfs vandag nog regeer God oor die totale heelal, deur hierdie engele en gérubs.

Die Geestelike Koninkryk Is Goed-Georganiseerd en Gesistematiseerd

Die Bybel meld ook omtrent die hemelse menigte en die aartsengele. Lukas 2:13 sê, "Skielik was daar saam met die engel 'n menigte engele uit die hemel wat God prys en sê....." Hemelse menigte is die hemelse weermag.

Ook, 1 Tessalonisense 4:16 sê, "Wanneer die bevel gegee word en die stem van die aartsengel en die trompet van God weerklink, sal die Here self uit die hemel neerdaal. Allereers sal dié wat in Christus gesterf het, uit die dood opstaan." Die feit dat daar aartsengele is, vertel vir ons dat daar rangordes in die wêreld van die engele is.

Die aartsengele ondersoek elke aspek, en tree as die hande, voete, oë en ore van God op. Hulle ontvang ook opdragte, en lewer direk aan God verslag. Onder hierdie aartsengele wat soos gesante is, is daar ontelbare engele wat hulle ondersteun. Hierdie aartsengele beheer nie direk al die engele onder hulle nie; hulle het ander hoofengele om 'n sekere eenheid van engele te bestuur. In hierdie sisteem, wanneer 'n opdrag een maal gegee is, word dit korrek afgehandel, en alle verslae is perfek en foutvry. Hoewel daar baie stappe is, word hierdie proses dadelik uitgevoer.

God kan oor elke persoon op die aarde regeer, en hom/haar ondersoek terwyl Hy op Sy troon is, danksy die engele se rolle wat hulle vertolk. Natuurlik, God is almagtig en Hy kan enigiets self ook ondersoek. Nietemin, die engele rapporteer direk aan God oor wat hulle sien. Op hierdie wyse is die engele nie alleen verslaggewers van hulle verslae nie, maar ook getuies. Dit werp meer lig op die regverdigheid van God se oordeel, wanneer Hy iets oordeel.

Byvoorbeeld, ons kan praat oor die straf wat aan Sodom en Gomorra opgelê was. Genesis 19:1 sê, "Die twee engele het Sodom teen die aand bereik." God het Sy engele weer gestuur om ondersoek in te stel, alvorens Hy vir Sodom en Gomorra gestraf het. Die mense daar, het sulke opstandige handelinge getoon. Hulle het selfs probeer om hierdie engele skade aan te doen. Uiteindelik, het God Sodom en Gommora met vuur gestraf.

Van die bekendste aartsengele is Gabriël en Michiël. Gabriël is 'n boodskapper, wat verskyn om spesiale openbarings of woorde van God deur te gee. Hy is groot en waardig, en dra 'n kleed met groot moue, wat die openbaring van God kan bevat. Net soos 'n gesant, wie die orde van die koning aflewer, 'n simbool het, dra Gabriël 'n kleed, wat soos die patroon van die koninklike seël lyk.

Die aartsengel Michiël is soos die hoof van die weermag, en hy het waardigheid in sy oë. Hy dra 'n gepanserde pak, 'n lyfband om sy middel, wat baie verskillende soorte wapens aan die binnekant kan akkommodeer. Deur wapens in die geestelike koninkryk te hê, beteken dat God hom die mag gegee het, om geestelike gevegte te voer. Verskillende soorte simboliese wapens

14

kan gebruik word, afhangende van hoe fel die stryd is.

Daar is ook twee groot aartsengele. Hulle het vroulike voorkomste met groot krag en mag. Hulle glimlag gewoonlik nie. Indien hulle verskyn, word hulle deur God se groot werke vergesel. Hulle is so lank, dat selfs wanneer hulle in 'n gebou met 'n hoë plafon staan, kan jy net die rand van hulle kleed sien. Ons kan nie meet hoe lank hulle is nie, omdat die geestelike koninkryk 'n heeltemal verskillende konsep van meting, as die fisiese wêreld het.

Drie Aartsengele wat Direk aan God Behoort

Ter byvoeging tot al daardie baie engele, het God sommige engele onder Sy direkte beheer geskep, wat Hom persoonlik behulpsaam moet wees. Hulle was die drie aartsengele wat Lucifer insluit. Hulle het die posisie en waardigheid soos ander aartsengele, maar hulle het baie spesiale mag gehad.

Algemeen gesproke, was daar nie aan geestelike wesens 'n eie vrye wil gegee nie. Hulle was net in staat om God onvoorwaardelik te gehoorsaam. Maar vir daardie drie aartsengele wat direk aan God behoort, het God 'n uitsondering gemaak, en vir hulle mensheid en 'n eie vrye wil gegee, wat slegs menslike wesens kan hê. God het hulle geskep om mensheid te hê, om liefde met Hom te kan deel, alhoewel hulle nie heeltemal soos God se kinders kan wees, wie Hy deur die menslike ontwikkeling verkry het nie. God het hulle toegelaat om Hom met hulle hart te dien, en gevoelens van vreugde en blyskap, met hulle vrye wil te deel.

Die drie aartsengele het vroulike voorkomstes, en hulle het sagte, nederige en goeie harte. Die woorde wat uit hulle monde kom, was met goeie aroma gevul, en hulle gedrag was onberispelik. Maar elkeen van hulle het 'n klein verskil in hulle karakters. Lucifer het meer van die sterker karaktereienskappe as die ander twee. Lucifer was in beheer van musiek, en sy het God met 'n mooi stem en musiekinstrumente verheerlik. God was verheug met haar verheerliking, en was baie lief vir haar gewees.

Eenmaal het God vir my Lucifer gewys. Sy het 'n groot en pragtige rok gedra, wat met kosbare edelstene versier was. Haar hare was verfraai met juwele wat afgehang het, wat in perfekte harmonie met haar blonde hare was. Sy het 'n manjifieke musiekinstrument bespeel. Die klokkespel geluid van die edelstene en die geluid van die lofprysing meng saam, en versprei soos wat die wind sal waai. Die geluid het opwaarts na God gegaan, en dit was so mooi.

Maar al het God haar baie liefgehad, en sy groot krag vir 'n lang periode geniet het, het verwaandheid in haar gedagtes begin toeneem. Soos wat sy al die dinge gesien het, wat God gedoen het, en Sy groot mag om oor die hele geestelike koninkryk te regeer, het sy op Hom afgunstig geword. Verwaandheid het so in haar gedagtes gegroei, dat sy gedink het sy in staat sal wees, om beter as God te kan doen. Uiteindelik, het sy 'n plan beraam om haarself hoër as God te ag, en begin om haar magte te organiseer.

Lucifer het sulke groot krag dat sy eerstens begin het, om die engele onder haar outoriteit, aan haar kant bymekaar te maak. Saam met ontelbare engele het sy ook die drake en die gérubs onder hulle beheer, verlei. Sy het hulle verlei, deur voor te gee dat sy vir God 'n geheime sending uitvoer.

Die Mislukte Opstand van Lucifer

God het Lucifer se gedagtegang geken, en haar 'n geleentheid gegee om terug te draai. Hy het haar laat weet van die opstand se gevolge, in 'n poging dat sy helder na die realiteit daarvan moes kyk. Maar, verwaandheid was reeds in Lucifer se brein gevestig, en sy het nie teruggedraai nie. Lucifer het teen God in opstand gekom, en was verslaan. Sy was saam met die geestelike wesens wat haar gevolg het, in die Abyss, of ook bekend as die 'bodemlose put', opgesluit.

Jesaja 14:12-15 verduidelik omtrent die opstand en neerlaag van Lucifer, en die uiteindelike gevolg:

Jy wat die helder môrester was, het uit die hemel geval. Jy wat 'n oorwinnaar van nasies was, is in die grond in verpletter. En dit jy, jy wat gedink het: ek klim op hemel toe, ek gaan my troon neersit bokant die hoogste sterre, ek gaan my plek inneem op die berg waar die gode mekaar ontmoet, ver in die noorde; ek klim op tot bokant die wolke, ek word soos die Allerhoogste self. Maar jy stort af in die doderyk, af tot in sy diepste deel.

Die Bybel skryf ook oor die engele wat Lucifer gevolg het. 2 Petrus 2:4 sê, "God het selfs die engele wat gesondig het, nie gespaar nie. Hy het hulle in die hel gestort en hulle laat boei om in die duisternis gevange gehou te word vir die oordeel." Judas 1:6 sê ook, "Dink ook aan wat gebeur het met die engele wat hulle nie binne hulle eie magsgebied gehou het nie, maar hulle aangewese woonplek verlaat het. God het hulle met onbreekbare kettings gebind en hou hulle in duister dieptes vir die oordeel van die groot dag."

Genesis 1:2 praat ook oor wat in die geestelike koninkryk gebeur het, voor hierdie wêreld se skepping. Dit sê, "Die aarde was heeltemal onbewoonbaar, dit was donker op die diep waters, maar die Gees van God het oor die waters gesweef."

Hierdie vers het beide 'n geestelike en 'n fisiese betekenis. Dit gee te kenne van wat in die geestelike koninkryk gebeur het, asook die dinge wat in die fisiese wêreld plaasvind het.

Geestelik gesproke, "die aarde was vormloos" beteken dat die geestelike orde was oombliklik versteur, as gevolg van Lucifer se opstand. Die 'aarde' simboliseer 'die wêreld van duisternis, wat deur Lucifer beheer was'. Aangesien Lucifer en die wesens wat haar gevolg het, die orde wat deur God gestel was, verbreek het, word gesê dat, die aarde vormloos was. Volgende, sê dit, dat die aarde was 'leeg'. Dit beskryf God se hart, nadat Hy deur Lucifer, vir wie Hy baie liefgehad het, verraai was.

Die opstand was spoedig in toom gehou, en die bose geeste was in die diepste deel van die Hel, die Bodemlose Put, opgesluit. Dit word uitgedruk in die frase, "duisternis was oor die diep waters." God het orde en vrede teruggebring, deur die krag van duisternis in die Bodemlose Put te plaas, en dit word in die frase, "die Gees van God het oor die diep waters gesweef", verduidelik.

God het die Aarde in die Eerste Hemel Geskep

Toe die Aarde aan die begin gemaak was, was die toestande nie soos vandag nie. Daar was aardbewing-aktiwiteite, vulkaan uitbarstings en bewegings van die Aardplate en kors. Daar was ook baie soorte aktiwiteite wat in die atmosfeer plaasgevind het.

Dus, hierdie onstabiele toestand van die Aarde word in die frase, "...die aarde was vormloos en leeg", verduidelik. Volgende die vers sê, "...duisternis was op die diep waters." Dit beteken dat toe die Aarde aan die begin geskep was, was daar geen son, maan of enige sterre in ons sonnestelsel nie, en dus was die Aarde bedek deur duisternis. Toe God besig was om die Aarde met al die nodige dinge te vul, het Hy al Sy beste pogings aangewend. Net soos wat 'n vader, wie 'n huis vir sy familie bou en vul, met al sy sorg, het hy die hele Aarde bewerk en Sy skeppingswerk, ten uitvoer gebring.

Hierdie proses word deur die uitdrukking, "die Gees van God het oor die waters gesweef", verduidelik. Op daardie tydstip het God, Homself na die Aarde gekom. Hy het gesoek na dinge wat die Aarde kon benodig, en hoe Hy dit sou maak, terwyl Hy regoor die Aarde gegaan het. Die Bybel sê, die Gees van God het oor die 'waters gesweef'. Dit vertel vir ons dat die Aarde op daardie stadium, volkome deur water bedek was. Net soos wat 'n fetus in die vrugwater in die baarmoeder opgroei, was die Aarde vir 'n lang periode met water bedek, tot net voor die sestigste dag wat die skeppingswerk op die Aarde begin het.

Waar dan, het die water vandaan gekom, wat die hele Aarde bedek het? Hierdie water was die water van die lewe wat vanuit God se troon gevloei het. God het die water van die lewe gemaak, toe Hy die groot geestelike koninkryk geskep het, en Hy hierdie water na die Aarde gebring het. Die rede waarom Hy die Aarde met die water van die lewe bedek het, was om 'n goeie omgewing te maak vir alle lewende dinge, insluitende menslike wesens om in die toekoms op die Aarde te lewe.

Ons kon geen ander planeet in die sonnestelsel vind, wat soveel water soos die Aarde het nie. Inderwaarheid, het ons geen ander planeet gevind, wat genoeg water het om enigiets lewendig te ondersteun nie. Dit is omdat God hierdie water van die lewe na die Aarde gebring het, en die basiese omgewing gemaak het, waar lewende dinge in staat sal wees, om hulle lewens voort te sit.

Toe God die Aarde met die water van die lewe bedek het, wou Hy gehad het dat alle mense die ewige lewe in God verkry. Hy wou ook gehad het dat alle menslike wesens, wie op die Aarde sou lewe, na vore moes kom as ware kinders, wie suiwer en rein harte soos die water van die lewe sou hê.

God se Voorsienigheid om Lig en Duisternis te Skei

Uiteindelik, het God sy eerste skeppingsdag begin. Genesis 1:3-4 sê, "Toe het God gesê: 'Laat daar lig wees!' En daar was lig. God het gesien dat die lig is goed, en Hy het die lig en die donker van mekaar geskei." God het gesê, "Laat daar lig wees." Die lig hier is geestelike lig en is die lig wat, vanaf die troon van God uitvloei. Dit het God se krag en verruklikheid. God het die Aarde met hierdie lig bedek, en die fondasie van die Aarde gevestig, sodat dit nie vormloos en leeg is nie, maar dat dit op 'n ordelike en sistematiese manier funksioneer.

Dan, Genesis 1:4-5 sê, "God het gesien die lig is goed, en Hy het die lig en die donker van mekaar geskei. God het die lig toe "dag" genoem, en die donker het Hy "nag" genoem. Dit het aand geword en dit het môre geword. Dit was die eerste dag." Deur die lig te beveel om te bestaan, was die basiese orde en reëls van die natuur op die Aarde gevestig, en dus, selfs toe daar geen son of maan was nie, het dit gefunksioneer asof die son en die maan daar was. Met ander woorde, die dag en nag was nie deur die son en die maan gemaak nie. Die ordereël omtrent die dag en nag was reeds deur God gevestig, en die son en die maan was eers later geskep, om oor die dag en die nag te regeer.

Om die dag en die nag te skei, het 'n belangriker geestelike betekenis as die fisiese skeiding. Dit beteken dat op die eerste skeppingsdag, het God vir Lucifer en sommige van die gevalle engele uit die Bodemlose Put vrygelaat, en die koninkryk van die bose geeste was gevorm. God het geweet dat geestelike lig en duisternis vir die menslike ontwikkeling benodig word, net soos wat alles op die Aarde deur die siklus van dag en nag gedryf word. Hy het alles, selfs voor die ontstaan van tyd beplan, en toe die tyd reg was, het Hy vir Lucifer die mag gegee, sy wie vir God verraai het, en sy het die regeerder oor duisternis geword.

Dit beteken egter nie dat Hy vir haar die mag, soos die mag van God, wie die Meester en Eienaar van die groot heelal is, gegee het nie. Hy het vir haar geestelike wesens toegelaat, en die orde en sisteem van die wêreld van bose geeste, uitsluitlik vir die doeleindes van die menslike ontwikkelinge, sodat die menslike ontwikkeling eerlik en regverdig uitgevoer kon word. Eintlik, het Lucifer, die regeerder van duisternis aan die lig behoort, maar sy het daarvandaan wegbeweeg en bedorwe geraak. Sy sorteer steeds onder God se beslissende krag en gesag.

God het die Ruimte van Duisternis in die Tweede Hemel Toegelaat

Genesis 1:6-8 sê, "Toe het God gesê, 'Laat daar 'n gewelf wees tussen die waters om die waters van mekaar te skei.' So het dit gebeur. God het die gewelf gemaak en die waters onder die gewelf geskei van die waters bo die gewelf. God het die gewelf 'hemel' genoem. Dit het aand geword en dit het môre geword. Dit was die tweede dag."

Met die water van die lewe wat vanaf God se troon uitgevloei het, het God die Aarde, wat as verhoog vir die menslike ontwikkeling sou dien, gestabiliseer. Toe het Hy die uitspansel geskep. Die uitspansel wat op die Aarde was, verwys na die atmosfeer wat gemaak was. God het toe die water wat die Aarde bedek het, geskei in die water onderkant die uitspansel en die water bokant die uitspansel.

Die water onderkant die uitspansel is die water wat op die Aarde oorgebly het. Op die derde skeppingsdag het die water versamel om die oseaan te vorm, en dit het die bron geword, om ander watermassas soos riviere en mere op die Aarde te vorm. Die water bokant die uitspansel was vir weerkundige natuurverskynsels, soos wolkvorming en neerslae, maar die hoofsaaklike doel van hierdie water was vir die Tuin van Eden.

Wanneer die Bybel sê 'uitspansel' verwys dit nie net na die hemelruim wat ons kan sien nie. In Genesis 1, word gesê dat alles wat God gedurende die ses skeppingsdae gedoen het, was 'goed', behalwe die tweede dag. Op die tweede dag het God dit nie uitgedruk as 'goed' nie. Die rede daarvoor is, omdat God toegelaat het dat die ruimte van duisternis gevorm word, in die tweede hemel vir die bose geeste, omdat aan hulle die 'mag van die lug' gegee is, en later as instrumente in die proses van die menslike ontwikkeling, gebruik sou word.

Efesiërs 2:2 sê, "...Julle het gelewe soos hierdie sondige wêreld en julle laat lei deur die vors van die onsigbare bose magte, die gees wat daar nou aan die werk is in die mense wat aan God ongehoorsaam is." Dit vertel vir ons dat die ruimte van duisternis, waar die bose geeste woon, is die 'lug'. Dit is die aangrensende ruimte net oos van die Tuin van Eden. Dit is waar die bose geeste sal woon, totdat die menslike ontwikkeling afgehandel is.

Natuurlik, die Tuin van Eden is ook in die tweede hemel, asook die ruimte van die Sewe-jaar Bruiloffees wat gehou sal word, na die afhandeling van die menslike ontwikkeling. Maar, omdat die ruimte van duisternis waar die bose geeste mag het, gevorm was, het God nie op die tweede dag gesê, dat dit 'goed' was nie.

Die Wêreld van Bose Geeste

Voordat Lucifer die regeerder van duisternis geword het, het sy baie gesien en geleer, omdat sy so naby aan God die Vader was. Sy het gesien hoe God oor die groot geestelike ruimte, deur die engele en gérubs regeer, en toe sy die wêreld van die bose geeste gevorm het, het sy God se maniere nagevolg. Sy het twee bevelslyne gevestig, om die wêreld van duisternis te regeer. Een bevelslyn is vir die drake en hulle engele en die ander bevelslyn was van Satan en die duiwels.

Eerstens het Lucifer vir die drake praktiese mag, gelykstaande aan die van weermag-generaals gegee, en toe het sy die engele onder hulle beheer, georganiseer om hulle werk te ondersteun. Die vier drake wat die 'mag van die lug' het, beheer die mense van duisternis, sodat hulle sodoende aanbid kan word. Die drake dring die plekke van afgode-aanbidding binne, wat tot gevolg het dat die mense hulle aanbid.

Lucifer beheer enigiets 'agter die skerms' terwyl sy deur Satan werk. Satan beheer mense se gedagtes van onwaarheid, deur presies dieselfde hart en gedagtes soos Lucifer te hê. Satan het nie 'n vaste vorm nie, en verskyn as donker rook. Vir daardie rede, hulle wie Satan se werke ontvang, het iets soos 'n donker wolk rondom hulle gesig. In sommige mense se geval, bedek die donker rook hulle hele liggaam van kop tot tone.

Dit is die werk van die duiwel wat mense aanhits, om die onware gedagtes in werking te stel. Sommige van die gevalle engele was vrygelaat, en tree as duiwels op. Die duiwels doen die teenoorgestelde dinge van die engele, en volkome swart uitrustings word gedra.

Wanneer 'n persoon bose dinge doen, soos deur die duiwel aangehits, selfs tot die mate wat hy sy hart gee, sal die demoon hom uiteindelik oorwin. Demone is bose geeste, maar hulle is nie geestelike wesens soos engele, wat deur God gemaak is nie. Hulle was eens op 'n tyd menslike wesens, wie op die aarde gelewe het. Sommige van die mense wie sonder saligheid gesterf het, kom uit na die wêreld in spesiale gevalle, en tree op as 'n werktuig van die bose geeste.

Die wêreld van bose geeste was gevorm, met Lucifer as hulle leier, en hulle het die werk van God versteur. Hulle pogings word daaraan toegewy, om slegs een meer siel op die pad na die Hel te lei. Die rede waarom God vir Lucifer en die bose geeste die mag van duisternis gegee het, is om ware kinders deur die menslike ontwikkeling te verkry. Ware kinders is hulle wie in die lig lewe, en waarlik met God ooreenkom. Hulle glo in God, die Redder Jesus Christus, en is lief en gehoorsaam God uit wilskrag.

Die wêreld van die bose geeste kan met die kunsmis, wat die landbouer in die grond sit, vergelyk word. Chemiese kunsmis is middels wat sekere gifstowwe bevat, en skadelik is vir mense om dit in te neem. Maar, indien dit tot die gesaaides toegevoeg word, help dit om goeie opbrengtes te lewer. Net so, deur die werke van Lucifer en die bose geeste wat teen God gekant is, en God se kinders lei om sondes te pleeg, besef ons deur 'n duidelike vergelyking, hoe vieslik duisternis is, en hoe kosbaar die Lig is. Dan hunker ons toenemend na die Lig, en begeer om kinders van die Lig te word. Gevolglik, Lucifer en die bose geeste help met God se menslike ontwikkeling.

God het die mense hulle eie vrye wil gegee, sodat hulle op hulle eie, tussen lig en duisternis kon kies. God woon in die lig en dit is natuurlik vir hulle, wie God liefhet, om in die Lig en nader aan God te wees. Dit is deur hierdie proses wat God ware kinders verkry. Hierdie proses is menslike ontwikkeling. God is die ware Lig, en hulle wie wegdraai vanaf duisternis en die Lig ingaan, kom om soos God te wees. Dit is van hierdie mense, wie gesê kan word, dat hulle ware kinders van God is. Hulle sal saam met die Here, vir ewig in die ruimte van lig lewe. Hulle sal vreugde, blydskap en glorie vir ewig geniet, soos deur God gegee.

Areas van Lig en Duisternis Bestaan Gelyktydig in die Tweede Hemel

Die ruimte van lig word deur God regeer. Die ruimte van lig sluit Eden in die tweede hemel in, asook die derde hemel wat die koninkryk van die hemel huisves, en die vierde hemel wat God se oorspronklike area is.

In die tweede hemel, bestaan die area van lig en die area van duisternis gelyktydig. Soos reeds verduidelik, het God die lig en die duisternis op die eerste skeppingsdag geskei. Lucifer en die bose geeste was op die eerste dag vrygelaat, en hulle het in die area van duisternis in die tweede hemel, vanaf die tweede skeppingsdag gaan woon. God het hulle toegelaat, om in die area van duisternis in die tweede hemel te bly, gedurende die tydperk van die menslike ontwikkeling.

Nou, wat se soort ruimtes is daar in die area van lig in die tweede hemel?

Een daarvan is die plek vir die Sewe-jaar Bruiloffees wat die Here voorberei het. Die geredde siele, wie die vrugte van die menslike ontwikkeling is, sal die Fees in die toekoms bywoon. 1 Tessalonisense 4:17 sê, "Daarna sal ons wat nog lewe, saam met hulle op die wolke weggevoer word, die lug in, die Here tegemoet. En so sal ons altyd by die Here wees." Die 'lug' in hierdie vers verwys na hierdie ruimte van lig in die tweede hemel.

Die ander area in die ligarea is die Tuin van Eden. Baie mense dink, dat die tuin op die Aarde was. So, party van hulle het in Israel en ander dele van die Midde Ooste daarna gaan soek. Maar niemand het nog tot dusver, enige spoor van die Tuin van Eden gevind nie. Dit is omdat die Tuin van Eden nie op die Aarde gemaak was nie, maar in die tweede hemel, wat in die geestelike koninkryk geleë is.

God het die eerste mens, Adam, op die Aarde gemaak, en hom later na die Tuin van Eden gelei. Dit is omdat Adam uit stof van die aarde gemaak was, en hy nie 'n fisiese wese was nie. Genesis 2:7 sê, "Die Here God het toe die mens gevorm uit stof van die aarde en lewensasem in sy neus geblaas, sodat die mens 'n lewende wese geword het." Adam het 'n lewende wese, 'n lewende gees geword, as gevolg van God se lewensasem. Die fisiese ruimte was vir Adam, wie 'n geestelike wese was ongeskik, maar wel die Tuin van Eden wat 'n geestelike ruimte in die tweede hemel was.

Die Tuin van Eden is 'n geestelike wêreld, maar dit verskil

26

van die koninkryk van die hemel in die derde hemel. Dit is 'n geestelike wêreld, maar indien die mense daarvandaan na die Aarde afkom, kan ons hulle sien en aanraak. Die omgewing van die Tuin van Eden is dieselfde as dié van die Aarde, maar plante en diere gaan nie dood of vergaan nie, aangesien dit 'n geestelike koninkryk is. Dit is volkome suiwer en skoon, en die natuurlike omgewing is bewaar, soos dit is. Die grootte van daardie area is ondenkbaar. Aangesien Adam 'n lewende wese was, het God ter byvoeging tot die Aarde, die Tuin van Eden in die tweede hemel vir hom gemaak.

Derde Hemel en Vierde Hemel

Die derde hemel is die plek waar die koninkryk van die hemel geleë is. Dit huisves die troon van God, en is 'n plek waar God se kinders, wie deur Jesus Christus gered is, vir ewig sal lewe. Die apostel Paulus was na die derde hemel gelei, en het die Paradys gesien. Ter byvoeging, in Die Openbaring 21, verduidelik die apostel Johannes breedvoerig, omtrent die stad Nuwe Jerusalem. Ons kan sien dat die koninkryk van die hemel nie soos een oop ruimte is nie, maar dit bestaan uit baie verskillende plekke.

Eerstens, die Paradys, wat die apostel Paulus gesien het, is die woonplek van daardie gelowiges, wie die geloof het, om skaars saligheid te ontvang (Lukas 23:42-43). Hulle wie groter geloof het as die laasgenoemdes, sal na die Eerste Koninkryk van die Hemel gaan, en hulle wie nog groter geloof het, sal die Tweede Koninkryk van die Hemel ingaan.

Hulle wie alle vorme van kwaad verwerp het, en heilig geword het, sal in die Derde Koninkryk van die Hemel ingaan. Hulle wie nie alleenlik alle kwaad verwerp het, maar hulle geloof ten uitvoer gebring het om God te verheerlik, naamlik hulle wie volkome gees geword het, sal die stad Nuwe Jerusalem ingaan, waar die troon van God geleë is. Tussen die verskillende plekke van die derde hemel, skyn Nuwe Jerusalem die helderste. Die helderheid neem af, hoe verder weg jy van Nuwe Jerusalem beweeg. Die Paradys is die minste blink. Maar steeds, die eerste hemel waarin ons lewe, kan nie daarmee vergelyk word nie. Dit is steeds helderder en pragtiger, as selfs die Tuin van Eden in die tweede hemel.

Die vierde hemel is die ruimte waar God in die begin alleen bestaan het. Dit is 'n ruimte uitsluitlik, vir God die Drie-eenheid. Die ligging, waar die oorspronklike God as een lig verenig het, is in die vierde hemel. Dit is dieselfde grootte as die oorspronklike heelal. In die eerste, tweede en derde hemele is daar verskillende tydskedules respektiewelik. Maar in die vierde hemel kan ons sê, dat die tydskedule beswaarlik bestaan, en daar is geen tydgrens beperkings nie. God kan ook enigiets daar doen soos Hy wil, en dit beteken daar is geen ruimtebeperkings nie.

Niemand kan hierdie ruimte volgens sy eie diskresie ingaan, behalwe die Drie-enige God nie. Slegs 'n paar aartsengele en baie spesiale persone tussen hulle, wie in Nuwe Jerusalem is, kan met God se toestemming daar ingaan. Niemand kan selfs hierdie ruimte nader, sonder God se toestemming nie. Indien enigiemand in hierdie ruimte ingaan, sonder God se toestemming sal sy gees verdwyn, en soos rook versprei.

Tot dusver het ons na die groot geestelike ruimte gekyk. God het die oorspronklike een ruimte in die eerste, tweede, derde en vierde hemele verdeel, as deel van Sy plan om ware kinders te verkry. Net soos wat daar stapelagtige ruimtes van die 'hemel' is, is daar ook stapelruimtes wat aan die ruimtes van die 'aarde' behoort. Hulle is die Bograf, Laergraf, Hel en die Bodemlose Put.

Bograf en Laergraf

God verwys na die plek wat aan God behoort as 'hemel', en die plek wat aan die vyandige duiwel en Satan behoort as 'aarde'. Maar daar is 'n uitsondering, en dit is die Bograf.

Hulle wie gered is, sal in die Bograf vir drie dae bly, voordat hulle na 'n wagplek in die Paradys gaan. Die Bograf behoort aan die 'aarde' eerder as die 'hemel' in die geestelike koninkryk. Maar dit beteken nie dat dit aan die duisternis behoort nie. Die Bograf is ook 'n area van lig wat aan God behoort, en die vyandige duiwel en Satan kan nie daar ingaan nie. Dit word duidelik onderskei van die Laergraf, wat onder die beheer van die duisternis se mag is. Die Bograf is 'n area van waarheid en lig.

Die rede waarom nog steeds gesê word, dat dit aan die 'aarde' behoort, is omdat dit niks beter as selfs die Tuin van Eden in die tweede hemel is nie. Vir daardie rede, wanneer die Bybel meld dat hulle wie gered is, gaan na die Bograf, word gesê hulle gaan 'af' en nie 'op'.

Genesis 37:35 lees, "Al sy kinders het vir Jakob probeer troos, maar hy wou hom nie laat troos nie. Hy het gesê: Ek sal bly treur oor my seun tot ek by hom in die dood is. So het Josef se pa bly treur oor hom." Die 'Doderyk' hier verwys nie na die Laergraf vir hulle wie nie gered is nie, maar die Bograf vir hulle wie gered is.

Ook 1 Samuel 28:12-13 sê, "Toe die vrou vir Samuel sien, het sy hard geskreeu en vir Saul gesê: 'Waarom het u my bedrieg? U is dan self Saul.' Maar die koning het vir haar gesê: 'Moenie bang wees nie. 'Wat sien jy?' en die vrou sê vir Saul: 'Ek sien 'n wese uit 'n ander wêreld opkom uit die aarde.'" Dit is die toneel waar 'n vrou, wie 'n medium was, verras was toe sy die dooie Samuel gesien het. Samuel was in die Bograf, en dit is waarom gesê word dat hy uit die aarde opgekom het.

Natuurlik, dit is nie eintlik dat hierdie medium-vrou Samuel se gees opgeroep het nie. Towenaars of mediums het nie die mag om met God te kommunikeer, of 'n dooie gees op te roep nie. Hulle kan slegs die area van duisternis kontak, en bose geeste roep.

Hierdie, was egter 'n spesiale gebeurtenis. God het spesiaal vir Samuel, wie in die Bograf was laat uitkom, sodat hulle God se wil kon verstaan. Saul was reeds deur God verlaat, oor sy ongehoorsaamheid, maar God het aan hom spesiale genade gegee, omdat hy nog steeds die koning van Israel was, en God kon onthou dat Samuel met droefheid en trane gebid het, vir Saul om van sy sondige weë en ongehoorsaamheid weg te draai, toe hy nog gelewe het.

Die rede waarom Samuel in die Bograf was, is omdat dit voor Jesus se kruisiging was. Eers nadat Jesus aan die kruis gesterf het, en weer opgestaan het, het Hy die siele in die Bograf na die wagplek in die Paradys geneem. Voor Jesus se opstanding, het die geredde siele in die Bograf saam met Abraham, die vader van die geloof, gebly. Hy was in beheer van daardie plek gewees. Dit is waarom die Bybel sê, dat die geredde siele gaan na 'Abraham se boesem.' Lukas 16:22 sê, "Toe die arm man te sterwe kom, is hy deur die engele weggedra na die ereplek langs Abraham. Die ryk man het ook gesterwe en is begrawe."

Die Bybel onderskei nie duidelik tussen die Bograf en die Laergraf nie, en dit sê net eenvoudig mense gaan af na die Doderyk. Maar in die gelykenis van die ryk man en arm Lasarus, praat Jesus van verskillende plekke vir hulle wie gered is, en vir hulle wie nie gered is nie. Lasarus was gered en het na Abraham se boesem, naamlik die Bograf gegaan, en hierdie plek verskil van die Laergraf, waarheen die ryk man gegaan het. Daar is 'n groot kloof tussen die twee plekke en hulle kan dit nie oorsteek, om mekaar te besoek nie. Wanneer ons die geestelike koninkryk in terme van hemel en aarde verduidelik, sê ons dat die Bograf aan die aarde behoort, maar dit is sekerlik in die ligarea, wat aan God behoort.

Hel Behels die Vuurpoel en Poel met Brandende Swael

Die area van duisternis het ook 'n meer van vuur(vuurpoel) en 'n poel van swael (brandende swael) bykomend tot die Laergraf. Wanneer hulle wie nie gered is sterf, ly hulle in die vuurpoel of die poel met brandende swael, na die Groot Oordeel. Die oordeel word foutloos gedoen, aan die hand van die Boek van die Lewe, wat die name bevat van hulle wie gered is, en ander boeke waarin elkeen se dade in opgeteken word.

Die Openbaring 20:12-15 vertel omtrent hoe die oordeel uitgevoer word:

Ek het die dooies, groot en klein, voor die troon sien staan, en die boeke is oopgemaak. Daar is ook 'n ander boek oopgemaak, dit is die boek van die lewe. Die dooies is toe geoordeel volgens wat daar in die boeke geskrywe staan oor alles wat hulle gedoen het. Die see het die dooies teruggegee wat daarin was, en die dood en die doderyk het die dooies teruggegee wat in hulle was, en oor elkeen is geoordeel volgens wat hy gedoen het. Toe is die dood en die doderyk in die vuurpoel gegooi. Dit is die tweede dood, die vuurpoel. As daar gevind is dat iemand se naam nie in die boek van die lewe geskrywe staan nie, is hy in die vuurpoel gegooi.

'Die dooies' verwys na hulle wie nie Jesus Christus aangeneem het nie, of na hulle wie se geloof dood is. Hulle sal voor die troon van God staan om geoordeel te word, en daar is boeke wat geopen sal word. Behalwe die Boek van die Lewe, wat die name van die gereddes bevat, is daar ander boeke waarin een en elke daad van die dooies opgeteken is, wie nie gered is nie. Nie alleenlik alle mense se dade nie, maar ook al hulle gedagtes en wat hulle in hulle harte en verstand bewerk het, sedert hulle geboorte tot hulle sterfdag word deur engele opgeteken. Hulle wie nie gered is, sal geoordeel word ooreenkomstig tot die omvang van hulle sondes, soos opgeteken staan in die boeke, en ewige straf ontvang.

"Die see" verwys na die stadium van die menslike ontwikkeling, wat hierdie wêreld is. Daarom, die uitdrukking, 'die see het die dooies teruggegee', vertel vir ons dat hulle op die aarde ontwikkel was. Dit beteken ook dat die wêreld sy dooies sal teruggee, met ander woorde, die fisiese liggame vir die oordeel. Wanneer mense sonder saligheid sterf, sal hulle geeste in die Laergraf opgesluit word, terwyl hulle liggame iewers op die aarde na 'n handvol stof sal terugkeer. Maar tydens die Finale Oordeel sal die geeste wat in die Laergraf was, die liggame aanneem wat vir die oordeel geskik is.

Ook sê dit, "en die dood en Doderyk sal die dooies teruggee, wat in hulle is." Dit beteken, hulle wie in die Laergraf was, en bestem was om die ewige dood te ly, as gevolg van hulle sondes, sal voor God staan om geoordeel te word. Totdat die Groot Wit Troon se Oordeel plaasvind, ontvang hulle verskeie strawwe in die Laergraf, soos om deur insekte en diere verskeur, of deur die boodskappers van die hel gemartel te word.

Na die Groot Oordeel gaan hulle of na die vuurpoel of die poel met brandende swael (Die Openbaring 21:8). Die pyn wat die vuurpoel toedien, is onvergelykbaar meer pynlik as wat die pyne in die Laergraf voortbring. Hulle sal ly en gelouter word met vuur waar, "Daar gaan die wurms nie dood nie en word die vuur nie uitgeblus nie" (Markus 9:47-49). Die poel met brandende swael is die plek vir hulle wie grafsondes gepleeg het, soos om teen die Heilige Gees te laster en om die Heilige Gees se werke te ontwrig. Dit is sewe maal warmer as die vuurpoel.

Die Bodemlose Put

Die diepste deel van die duisternisarea is die Bodemlose Put waar die bose geeste sal ingaan. Na die Here se wederkoms in die lug sal die geredde kinders van God, die Sewe-jaar Bruiloffees in die lug hê. Gedurende dieselfde tydperk, sal die aarde die beproewingstyd ervaar. Die bose geeste wat in die lug was, sal na die aarde afgedryf word, en beheer oorneem. Die wêreld sal deur Wêreldoorlog III vernietig word, en groot tragedies soos hel op Aarde sal plaasvind. Na die Sewe-jaar Groot Beproewing verby is, sal die bose geeste in die Bodemlose Put toegesluit word, en die Millennium Koninkryk op die Aarde sal begin.

Die kinders van God wie die Sewe-jaar Bruiloffees in die lug afgehandel het, sal na die Aarde saam met die Here neerdaal, en saam met Hom vir 'n duisend jaar regeer (Die Openbaring 20:4). Die Aarde, wat deur die Sewe-jaar Beproewing verwoes is, sal teen daardie tyd weer volkome herstel wees, om 'n pragtige omgewing te wees. Naby die einde van die Millennium Koninkryk sal die bose geeste nog een keer vir 'n oomblik vrygelaat word, deur God se voorsienigheid, maar hulle sal weer na die Groot Wit Troon se Oordeel, in die Bodemlose Put toegesluit word.

Tot voor die Groot Wit Troon se Oordeel, sal Lucifer en haar boodskappers die Laergraf beheer, maar na die Oordeel sal die Laergraf en die Hel net deur God se krag beheer word. Die bose geeste sal soos vullis in die Bodemlose Put, wat donker en koud voel, weggegooi word. Hulle sal op so 'n wyse toegesluit word dat hulle geensins kan beweeg, asof hulle deur 'n groot rots vasgedruk word. Die gevalle engele sal weggegooi word en van hulle vlerke gestroop word, as 'n simbool van die vloek en die skande.

Om weggegooi te word mag dalk nie so skrikwekkend klink, soos die Hel se pyne en strawwe nie, maar dit is nie so nie. Net soos wat die druk toenemend groter word, wanneer jy dieper in water ingaan, net so sal die krag van vlees groter word, namate jy in die Hel dieper afgaan. Die Bodemlose Put is die diepste deel van die Hel, en al die vleeslike energie sal in daardie plek saamgepers word. Dit is baie meer angswekkend en pynliker om die Bodemlose Put in te gaan, as om deur die boodskappers van die Hel in die Laergraf gemartel te word of om die pyn in die vuurpoel of die poel met brandende swael te verduur.

Stel jou voor, dat jy in iets soos 'n groot soliede betonblok vasgevang is, en geensins kan beweeg nie. Jy is by jou bewussyn, maar jy kan nie asemhaal of knipoog nie. Jy is 'n lewende fossiel. Terwyl jy verstenig is, moet jy die verskillende pynigings ontvang, die druk van wanhoop, en die druk wat jou neerdruk asof jy gaan oopbars.

God het vir Lucifer baie liefgehad, voordat sy bedorwe geraak het, maar sy sal in hierdie ewige vloek vasgevang bly, omdat sy teen God in opstand gekom het. God het nie vir Lucifer dadelik gestaf, nadat sy bedorwe geraak het nie. Sy was ook bloot net 'n wese, dus kon God haar dadelik vernietig het, maar Hy het nie, en daar was 'n rede voor.

Dit is omdat ons kan voorkom as ware kinders van God, danksy Lucifer, die regeerder van duisternis gedurende die loop van ons menslike ontwikkeling, se bestaan. Ons kan in kinders van die lig verander, wie God se beeld gestand doen, deur waaksaam te wees en te bid, terwyl die vyandige duiwel rondsluip soos 'n brullende leeu, op soek na iemand om te verslind. God wil ewige vreugde met Sy kinders van lig in Nuwe Jerusalem, wat 'n ligruimte is, deel. Nou, wat is die kwalifikasies om die ligruimte te kan ingaan?

Kwalifikasies om die Ruimte van Lig in te Gaan

Lig en duistenis kan nie verenig nie.
Om die ruimte van lig te kan ingaan
moet ons die probleem van duisternis oplos.
Hoe hegter ons kameraadskap met God, wie Lig is
en die hart van Jesus Christus het,
hoe helderder ruimte van lig kan ons ingaan.

God Verlang Kinders van Lig

Beoefen Goedheid met Hart van Gees

Dra die Vrugte van Regverdigheid met Geloof

Dra die Vrugte van Betroubaarheid met Dade

Die Vrugte van die Lig Lei Ons na die Ruimte van Lig

Mense moet of na die ruimte van lig of die ruimte van duisternis gaan, nadat hulle lewens op die Aarde verby is. Aangesien die menslike gees nie uitgedoof kan word nie, moet hulle Hemel of Hel toe gaan.

Met betrekking tot dit, Hebreërs 9:27 sê, "'n Mens is bestem om net een maal te sterf, en daarna kom die oordeel…" Ook, Johannes 5:29 sê, "Dié wat goed gedoen het, sal opstaan en lewe, en dié wat verkeerd gedoen het, sal opstaan en veroordeel word." Die lewe op die aarde is nie die einde nie. Daar is 'n lewe om te kom, wat ewigdurend is, en wanneer ons fisiese lewe verby is, is daar slegs twee alternatiewe oor. Dit is om Hemel of Hel toe te gaan.

Die God van liefde wil hê dat almal saligheid moet ontvang, en die vreugde in die area van lig moet geniet. 1 Petrus 2:9 sê, "Julle daarenteen, is 'n uitverkore volk, 'n koninklike priesterdom, 'n nasie wat vir God afgesonder is, die eiendomsvolk van God, die volk wat die verlossingsdade moet verkondig van Hom wat julle uit die duisternis geroep het na sy wonderbare lig."

Laat ons vasstel of ons Sy wonderbare area van lig, met koninklike priesterskap kan ingaan.

God Verlang Kinders van Lig

Die apostel Paulus praat van God soos volg: "Hy alleen besit onsterflikheid; Hy woon in ontoeganklike lig. Geen mens het Hom gesien of kan Hom sien nie. Aan Hom kom toe eer en ewige mag! Amen" (1 Timoteus 6:16). Dit beteken God woon in lig, en Hy is ewig en volmaak. 1 Johannes 1:5 sê, "Dít is nou die boodskap wat ons by Hom gehoor het en aan julle verkondig: God is lig, en daar is geen duisternis in Hom nie."

Jakobus 1:17 sê ook, "...Dit kom van die Vader wat die hemelligte geskep het, maar wat self nie soos hulle verander of verduister nie." God is self Lig en Hy het nie eers 'n bewegende skaduwee nie. Vir hierdie rede vertel die Bybel vir ons in baie dele, dat ons ook mense van die lig moet word, wie God verteenwoordig.

1 Tessalonisense 5:5 sê, "Julle is tog almal mense van die lig, mense van die dag; ons is nie van die nag of die duisternis nie," en Efesiërs 5:8-9 sê, "Vroeër was julle die ene duisternis, maar nou in die Here is julle lig. Leef dan as mense van die lig. Uit die lig kom alles voort wat goed en reg en waar is." Matteus 5:14-16 lees ook, "Julle is die lig vir die wêreld. 'n Stad wat op 'n berg lê, kan nie weggesteek word nie; ook steek 'n mens nie 'n lamp op en sit dit onder 'n emmer nie maar op 'n lampstaander, en dit gee lig vir almal in die huis. Laat julle lig so voor die mense skyn, dat hulle julle goeie werke kan sien en julle Vader wat in die hemel is, verheerlik."

Lig en duisternis kan nie verenig nie. Om die ruimte van lig te kan binnegaan, moet ons die probleem van duisternis oplos.

Nou, wat is die duisternis wat ons moet verwerp, alvorens ons kinders van die lig kan word? Eenvoudig gestel, duisternis verwys na enigiets wat sondig is. Hierdie is dinge van die vlees en werke van die vlees, wat breedvoerig in Volume 1 van Gees, Siel en Liggaam verduidelik word.

Die werke van die vlees is sondes wat deur handelinge gepleeg word, en die dinge van die vlees is die sondes wat in die gedagtes en deur denke gepleeg word. Byvoorbeeld, goddeloosheid, gulsigheid, sondigheid en afgunstigheid is, volgens Romeine hoofstuk 1 alles ongeregtighede. Ook, soos in Galasiërs 5 is, onsedelikheid, onreinheid, wellustigheid, afgodery, towery, vyandigheid, onenigheid, jaloesie, woede uitbarstings, geskille, verdeeldheid, faksies, afgunstigheid, dronkenskap en boemelary alles 'werke van die vlees'.

Daar is ook dinge wat nie vir ons soos duisternis lyk nie, maar wat volgens God se siening sonde is. Net soos wat duisternis nie in die lig kan bestaan, sal die sonde en kwaad wat aan die duisternis behoort, ontvou word wanneer die lig van die waarheid op dit skyn. Met die Woord van God wat lig is, kan ons die duisternis besef, wat ons nie in staat was om self te besef nie.

Byvoorbeeld, Jesus het verduidelik dat Hy spoedig in Jerusalem gaan sterf, maar Petrus het Hom probeer stop, omdat hy Hom so liefgehad het. Toe het Jesus hom berispe deur te sê, "Moenie in my pad staan nie, Satan!" (Matteus 16:23).

Petrus het gedink dat dit sy plig was om Jesus te stop, maar volgens God se siening was dit duisternis. Dit was God se wil dat Jesus gekruisig moes word, om die weg na die saligheid ten uitvoer te bring. Na so 'n berisping, het Petrus 'n nederige apostel geword wie die dooies opgewek het, en duisende mense op een dag hulle berou laat bely het, nadat hy die Heilige Gees ontvang het.

Soos verduidelik, vir enigiemand om die ligarea in te gaan, moet hy eers uit die wêreld van duisternis kom, en soos 'n kind van lig handel. Laat ons kyk wat meer spesifiek ons moet doen.

Verkry die Regverdigheid van God deur Geloof

Vir ons om sodoende in die ligruimte te kan ingaan, moet ons eerstens ons sonde bely, omdat ons nie in God geglo het nie, en dan Jesus Christus aanneem. Wie ook al die vergifnis van sondes ontvang, deur in Jesus Christus te glo, sal die kwalifikasie hê om die ligruimte te kan ingaan. Romeine 3:22 sê, "...maar deur in Jesus Christus te glo. God gee dit sonder onderskeid aan almal wat glo."

Ook, Johannes 14:6 sê, "Jesus het vir hom gesê: 'Ek is die weg en die waarheid en die lewe. Niemand kom na die Vader toe behalwe deur My nie.'" Romeine 10:9 sê, "...as jy met jou mond bely dat Jesus die Here is, en met jou hart glo dat God Hom uit die dood opgewek het, sal jy gered word."

Indien ons met ons mond bely dat Jesus die Here is, en met ons hart glo dat God Hom uit die dood opgewek het, beteken dit dat ons in die voorsienigheid van die kruis glo, sowel as in die krag van die wederopstanding. Naamlik, ons glo dat Jesus aan die kruis vir ons gesterf het, wie as sondaars bestem was om ewige straf, as gevolg van sondes te ontvang, en dat Hy, Sy kosbare bloed gestort het, om ons van al ons sondes te verlos.

Indien ons werklik in hierdie feit glo, sal ons al ons sondes bely en besluit om in die lig te lewe, met dank teenoor die Here, wie vir ons gely het. God het die sondes van sulke mense met die bloed van die Here weggewas, en vir hulle die gawe van die Heilige Gees gegee. God erken hulle as Sy kinders en skryf hulle name in die boek van die lewe (Die Openbaring 20:15, 21:27). Dit is hoe ons die ewige lewe in die Hemel kan geniet, wat 'n ligruimte is, wanneer ons erken dat ons nie volgens God se Woord gelewe het nie, en wegdraai van sonde, en in die lig beweeg.

Deel Kameraadskap met God Wie Lig is

1 Johannes 1:6-7 sê, "As ons beweer dat ons aan Hom deel het, en ons lewe in die duisternis, lieg ons en handel ons nie volgens die waarheid nie. Maar as ons in die lig lewe soos Hy in die lig is, het ons met mekaar deel aan dieselfde gemeenskap en reinig die bloed van Jesus, sy Seun, ons van elke sonde." Wanneer ons eers vir Jesus Christus aangeneem het, en die gawe van die Heilige Gees ontvang het, moet ons die Woord van God, wat die waarheid is, leer en beoefen om as 'n kind wie kameraadskap met God het, beskou te word.

1 Johannes 2:3 sê, "As ons die gebooie van God gehoorsaam, weet ons daaraan dat ons Hom ken," en 1 Johannes 3:23 sê, "En dít is sy gebod: Ons moet in sy Seun, Jesus Christus, glo en ons moet mekaar liefhê ooreenkomstig die gebod wat Hy ons gegee het."

Ons moet nie alleenlik die sondes wat ons deur handelinge pleeg verwerp nie, maar ook die kwaad in ons harte in gehoorsaamheid tot God se Woord wat vir ons vertel wat ons nie moet doen nie, maar dit moet verwerp. Verder moet ons ook ywerig God se woorde beoefen, wat vir ons vertel om te juig, dank te betuig, liefde te gee, onsself nederig te hou, ander te dien en die gebooie te onderhou. Dit is op hierdie wyse wat ons 'n hart soos die Here kan ontwikkel, deur die genade en krag van God, en die hulp van die Heilige Gees.

Ons hemelse woonplek sal verskil, ooreenkomstig tot die mate wat ons heilig geword het, en hoeveel lig ons uitstraal nadat ons 'n geestelike persoon geword het, deur middel van ons kameraadskap met God, wie die Lig is. Daarom, alhoewel ons saligheid ontvang het, en die kwalifikasies verkry het om die ruimte van lig te kan ingaan, moet ons voortdurend kennis neem van die hemelse koninkryk met mag, totdat ons die hoogste doelwit bereik, wat die stad Nuwe Jerusalem is.

Daar is sekere maatstawwe waarvolgens ons kan vasstel, tot watter mate ons reeds kinders van die Lig geword het. Dit is: geestelike liefde soos in 1 Korintiërs 13; die nege vrugte van die Heilige Gees, in 5; die Saligsprekinge, in Matteus 5, en die vrugte van die Lig in Efesiërs 5. Nou, laat ons delf in die kwalifikasies om die ligruimte te kan ingaan, deur op die vrugte van die Lig te fokus.

Beoefen Goedheid met 'n Hart van Gees

Efesiërs 5:9 sê, "Uit die lig kom alles voort wat goed en reg en waar is."

Goedheid is om 'n mooi hart te hê, wat geen kwaadheid bevat nie, maar net die karakters van goedheid het. Jy doen goeie dade aan hulle in nood; jy benadeel nie ander; en jy gehoorsaam die Woord van God en doen jou beste met alles wat jy aanpak, omdat jy God die Skepper ken, soos wat ons, ons ouers se genade geken het.

In die wêreld sê mense dat jy goed is, indien jy nie kwaad met kwaad vergeld nie, maar dit eerder verdra. Maar indien jy steeds ongemak daarmee verduur of haat in jou gedagtes het, kan jy steeds as regtig goed beskou word? Die goedheid van mense en die goedheid van God verskil geweldig. Die eerste vlak van goedheid wat God erken, is om nie kwaad met kwaad te vergeld nie, maar om geensins enige ongemaklikke gevoelens daaroor te hê nie.

Dit was die geval met Josef, die verloofde van Maagd Maria. Matteus 1:19 sê, "Haar verloofde, Josef, wat aan die wet van Moses getrou was maar haar tog nie in die openbaar tot skande wou maak nie, het hom voorgeneem om die verlowing stilweg te verbreek." Hoe ellendig moes Josef gevoel het, toe hy uitvind dat sy verloofde swanger was, sonder dat hulle gemeenskap gehad het? Gewoonlik, sal mense daaroor lei, en met haar argumenteer. Maar Josef het geen kwaad in sy hart gehad nie, daarom wou hy die verlowing net stilletjies verbreek.

Die tweede vlak van goedheid is, wanneer iemand

kwaadwilliglik teenoor ons optree, en ons nie net alleenlik geensins enige ongemaklike gevoelens beleef nie, maar ook sy hart deur ons dade en woorde aanraak. Die vyandige duiwel en Satan kan niks met so 'n persoon regkry, wie hierdie vlak van goedheid bereik het nie.

Ten spyte daarvan dat hy onskuldig was, het Koning Saul hom agtervolg, met die doel om hom dood te maak. Een dag het Dawid 'n goeie geleentheid gehad, om Saul dood te maak. Dawid het baie veldslae in oorwinnings vir sy land omskep, maar Saul het hom nie eers daarvoor bedank nie, maar jaloers op hom geword. Hy het vir Dawid met sy weermag agtervolg, en probeer om hom dood te maak.

Een dag het Saul 'n grot binnegegaan, waar Dawid geskuil het. Dawid kon hom doodgemaak het, maar het net die punt van Saul se mantel afgesny. Later, nadat Saul die grot verlaat het, het hy na Saul geroep en gesê, "U sien vandag met u eie oë dat die Here u nou in die grot in my hand gegee het en as't ware vir my gesê het om u dood te maak. Maar ek het u gespaar en gesê: 'Ek sal my hand nie teen my koning oplig nie, want hy is die gesalfde van die Here.' My vader, kyk tog, kyk na die punt van u mantel in my hand. Deurdat ek die punt van u mantel afgesny het, maar u nie doodgemaak het nie, kan u weet en sien dat daar geen kwaadwilligheid of opstandigheid by my is nie. Ek het nie teen u in opstand gekom nie, selfs al agtervolg u my om my lewe te neem" (1 Samuel 24:11-12).

Dawid het vir Saul, wie hom agtervolg het met die doel om hom dood te maak, geroep. Hy het uitgeroep en gesê, 'my vader' terwyl hy homself verneder het. Hy wou regtig Saul se hart aanraak, deur te sê dat hyself soos 'n hond en 'n vlieg was, maar sy voorneme was nie om Saul dood te maak nie. Saul was sondig, maar toe hy so 'n belydenis hoor, afkomend van goedheid, was hy aangeraak en het hy trane gestort. In 1 Samuel 24:17-18 word gesê, "'Is dit jy wat praat, my seun, Dawid?' Toe begin Saul hard huil en hy sê vir Dawid: 'Jy is 'n beter man as ek, want jy het aan my goed gedoen en ek het jou kwaad aangedoen.'"

Hy was aangeraak en het na sy huis gegaan. Indien ons nie kwaad met kwaad vergeld nie, maar met goedheid, kan Satan nie verder werk nie en selfs sondige persone kan aangeraak word. Natuurlik, Saul was so sondig dat hy later weer gesondig het, maar minstens het die duisternis vir daardie oomblik verdwyn, deur die lig van Dawid se goedheid en Saul het teruggedraai.

Nogtans is daar 'n hoër vlak van goedheid, eerder as om net ander se harte aan te raak. Dit is om selfs ons vyande lief te hê, en ons lewens vir hulle, wie kwaadwillig teenoor ons optree, op te offer. Dit is die goedheid van God, wie Sy enigste Seun gestuur het, en dit is die goedheid van Jesus Christus. Hy is die heilige Seun van God en nogtans het Hy, Sy lewe vir die hele mensdom opgeoffer.

Ons kan hierdie vlak van goedheid, ook deur Moses en Paulus beleef. Toe God op die punt was om Israel as gevolg van hulle sondes te vernietig, het Moses tot God gebid, dat indien hulle gered word, kan sy naam selfs uit die boek van die lewe uitgevee word (Eksodus 32:32). Die apostel Paulus het gesê, "Ek sou self vervloek wou wees, afgesny van Christus, as dit tot hulle voordeel kon wees" (Romeine 9:3).

Stefanus was gemartel, en gestenig, omdat hy die evangelie verkondig het. Hy het nie enige wrok gekoester nie, en nogtans was hy gestenig, sonder dat hy gefouteer het. Maar hy het hom eerder tot die Here gewend en hard uitgeroep, "Here, moet hulle tog nie hierdie sonde toereken nie!" (Handelinge 7:60)

Vandag dink mense dat jy net verliese sal ly en soos gekke behandel sal word, indien jy eerlik en gaaf teenoor ander is. Maar God self is goedheid, en Hy beskerm ons met Sy gloeiende oë, vuurbestande mure van die Heilige Gees, en hemelse gasheer en engele, wanneer ons die weg van goedheid volg. Dus, toetse en beproewinge verdwyn, en selfs wanneer dit opduik, slaag ons dit met goedheid. Dit bring vir ons in alles groter seëninge en voorspoed.

Natuurlik, somtyds moet ons onsself opoffer en pogings aanwend om goedheid na te volg. Maar hulle wie goed is, beskou sulke dinge nie as moeilik nie. Hulle vind dit eerder meer vreugdevol, om goedheid te beoefen. Geestelike sterkte is om geen sonde te hê nie, en ons geestelike lig sal sterker word, tot die mate wat ons sonde verwerp en goedheid ontwikkel. Wanneer ons eers die vlak van goedheid bereik het wat God erken, kan die kwaadwillige ons nie eers aanraak nie, as gevolg van ons lig, en sal ons in staat wees om die planne van die vyandige duiwel en Satan te vernietig (1 Johannes 5:18).

Dra die Vrugte van Regverdigheid met Geloof

Die tweede vrug van die Lig is regverdigheid. Oor die algemeen, is regverdigheid om te werk vir die regte doel in jou lewe, sonder om jou eie te soek. Maar regverdigheid is inderwaarheid om sondes te verwerp, om die gebooie van die Bybel te onderhou, en God se koninkryk en Sy regverdigheid in ooreenstemming met Sy wil, te soek. Daniël is een van die beste voorbeelde, wie groot regverdigheid het.

Daniël was uit 'n koninklike familie, uit die stam van Juda afkomstig. Hy was in 605 vC gevange geneem, toe die suidelike koninkryk van Juda deur Koning Nebukadneser van Babilon binnegeval was. Toe Babilon talentvolle manne van alle rasse gewerf het, was Daniël saam met sy drie vriende gekies, en daarna het hy as 'n hoë amptenaar van Babilon vir 'n lang tydperk gewerk. Alhoewel hy 'n gevangene was, het hy 'n hoë posisie in Babilon beklee, en hy was as 'n ware profeet van God gereken. Die rede daarvoor was, omdat hy volkome op God gereken het, en sy geloof behou het.

Toe hy die eerste keer voor die koning van Babilon verskyn het, was hy 'n jongman gewees. Hy moes vir drie jaar opleiding ontvang, en was daaraan onderwerp om die koning se voorkeur voedsel te aanvaar. Maar hy was bekommerd dat die voedselkeuse mag verfoeilike voedsel soos deur God verbied, ingesluit het, en hy wou dit nie ingeneem het nie. Hy het nie as 'n gevangene regtig 'n keuse nie, maar hy haat steeds en verwerp wat God haat.

Om hulle geloof in God te behou en om hulleself nie te besmet nie, het hy die toesighouer gevra om hom en sy vriende toe te laat, om slegs die groente in plaas van die koning se voedselkeuse te neem. Hy het voorgestel dat hy slegs die groente en water vir tien dae as 'n toets neem. Toe die toesighouer na tien dae hom met die ander jongmense vergelyk, kon hy sien dat

Daniël en sy vriende se voorkoms beter as die ander jongmense vertoon.

God het hulle geloof gesien en vir hulle wonderlike seëninge gegee. Daniël 1:17 sê, "God het aan hierdie vier jongmanne verstand gegee en insig in alles wat geskryf is, en ook wysheid. Daniël kon enige gesig of droom uitlê." Vers 20 sê, "In enige saak wat wysheid en insig vereis het en waaroor die koning hulle uitgevra het, was hulle tien maal beter as al die towenaars en voorspellers in sy hele koninkryk."

Babilon was deur die Mediërs en Perse in 539 vC tydens die regering van Koning Beltsasar, die seun van Koning Nebukadnesar, vernietig. 'n Nuwe nasie, die Persiese Keiserryk het Babilon vervang. Koning Darius van Persië wou vir Daniël as minister aanstel, om die hele land te regeer, omdat Daniël 'n buitengewone gees besit het. Daniël was 'n gevangene, maar selfs wanneer die nasies en konings vervang was, was hy steeds die groot gunsteling.

Ander ministers en leiers was jaloers op hom, en het probeer om 'n manier te vind, om hom te beskuldig (Daniël 6:4-5). Maar hulle kon geen fout met hom vind nie, daarom het hulle 'n voorskrif aan die koning voorgestel. Deur voor te gee dat hulle die koning ondersteun, het hulle gesê dat hulle enigiemand in die leeukuil sal plaas, indien so 'n persoon binne dertig dae enige ander god of mens aanbid. Dit was 'n lokval spesifiek vir Daniël gestel, aangesien hulle geweet het dat hy drie keer per dag in die rigting van Jerusalem bid, met sy vensters geopen.

Wetende van hierdie situasie, het Daniël steeds drie keer per dag op sy knieë gebid (Daniël 6:10). Hy kon ooreengekom het om sy roem en krag te behou of net die dood te vermy, maar hy het volkome op God vertrou. Hy was uiteindelik in die leeukuil gegooi, vir sy skending van die regterlike verbod, maar hy het geen wrok teen die koning gehad nie. Maar het eerder die koning geseën en gesê, "O koning, lewe vir ewig!" Hy het billikheid beoefen, ongeag hoe moeilik die omstandighede was.

Hy het nie enige foute of blaam voor God en die mense nie, en vir hierdie redes kon die vyandige duiwel en Satan hom nie skade, met enige soort voorneme aandoen nie. God het Sy engel gestuur om hom te beskerm. Hy het lewendig uit die leeukuil gekom en God verheerlik. Die soort regskapenheid wat God van ons verlang, is om ons geloof te behou, en nie tot 'n vergelyk te kom, selfs wanneer jy die dood in die gesig staar, en om goedheid in waarheid te volg, ongeag hoe ander teenoor ons optree.

Dra die Vrugte van Betroubaarheid met Dade

Die derde vrug van die Lig is betroubaarheid. Betroubaarheid moet onveranderlik wees. Dit is ook suiwer, eerlik, en onskuldig sonder enige valsheid, sluheid of geslepenheid. Selfs al doen jy ywerig goeie dade en bely jou geloof, kan dit nie as ware vrugte van die Lig by God gereken word, solank as wat jy dit dit doen om voor ander te pronk nie. Met ander woorde, wat God van ons verwag is ware belydenis van ons geloof, ware dade en onveranderlike betroubaarheid wat uit ons hart kom.

In Genesis 22, kan ons sien hoe Abraham die Woord van God gehoorsaam, toe Hy hom vertel het om sy enigste seun, Isak, as 'n brandoffer te offer. Vroegoggend het hy gereedgemaak, om met Isak na die land te vertrek, wat God aangewys het. Hy het geensins gehuiwer nie. Hy het nie 'n stryd met sy verstand en gedagtes gehad nie. Op die stadium wat hy gereed was om Isak as 'n brandoffer te offer, het God se engel aan hom verskyn, en vir hom gesê dat hy die seun nie moet aanraak nie. God het gesê, "... Nou weet Ek dat jy My dien" (Genesis 22:12).

Hebreërs 11:19 sê, "Hy was daarvan oortuig dat God by magte is om uit die dood op te wek, waaruit Abraham vir Isak ook, om dit so te stel, terug ontvang het." Abraham het sy seun Isak, deur Sara, met God se krag, verwek nadat sy reeds verby die ouderdom was om kinders voort te bring. Dus, het hy geglo dat God vir Isak sou opwek, nadat hy hom as brandoffer aangebied het. Ons kan deur hierdie gebeurtenis die ferm wedersydse geloof tussen God en Abraham sien.

By baie geleenthede kan ons sien hoe betroubaar Abraham was. Met sy aankoms in Bet-El saam met sy neef Lot, was die getalle van die kuddes en beeste so groot, dat daar dikwels rusies tussen hulle veewagters ontstaan het. Hieroor, het Abraham teenoor sy neef toegegee en gesê, "Die hele land lê oop voor jou. Gaan jy liewer weg van my af. As jy links gaan, gaan ek regs; en as jy regs gaan, gaan ek links" (Genesis 13:9).

Lot het na die Jordaanstreek getrek wat genoeg water het, opsoek na sy eie goedheid, totdat hy Sodom bereik het. Die stad van Sodom was aangeval en baie is gevange geneem. Nadat Abraham hierdie nuus gehoor het, het hy sy manne onder hom uitgelei, en Lot en die mense van Sodom teruggebring. Die koning van Sodom het vir hom skatte aangebied, maar hy het geweier om enigiets daarvan te neem (Genesis 14:15-23).

Toe Sodom en Gomorra deur vuur uit die hemel verwoes is, was Lot en sy twee dogters gered, danksy Abraham se gebede (Genesis 18). Ook, toe Abraham die grafperseel vir sy vrou Sara gekoop het, het die Hetiete hulle land en die Makpelagrot aan hom aangebied, maar hy het verkies om dit teen die volle markprys aan te koop (Genesis 23:16). Hy het baie kinders by sy tweede vrou gehad, en terwyl hy nog gelewe het, het hy vir elkeen geskenke gegee, sodat daar nie later teenstrydighede moet wees nie. Vanuit, al dit kan ons die betroubaarheid sien, wat Abraham gehad het.

Jakobus 2:23-24 lees, "So is die Skrif vervul wat sê: 'Abraham het in God geglo, en daarom het God hom vrygespreek' en hy is 'n vriend van God genoem. Julle sien dus dat 'n mens vrygespreek word op grond van sy dade en nie net op grond van sy geloof nie." God is betroubaarheid self, en God het Abraham vir sy geloofsdade geseën. Abraham het naby die troon van God kom woon, in die helderste ligruimte, omdat hy God se vriend is.

Die Vrug van die Lig Lei ons na die Ligruimte

Vir die goeie dade om as die vrug van die Lig gesien te word, moet dit regverdigheid bevat, wat God se geregtigheid is. Maar goedheid en regverdigheid alleenlik, is nie genoeg nie. Daar moet gepaardgaande betroubaarheid ook wees. So, ons kan slegs die vrug van die Lig dra, wanneer ons alles van goedheid, regverdigheid en betroubaarheid het.

Nou, om ons in staat te stel om die vrug van die Lig volkome te dra, is dit nodig dat ons deur die proses gaan om, uit die duisternis te kom en die lig in te gaan, deur teregwysings. In Efesiërs 5:11-13 word gesê, "En moenie meedoen aan die vrugtelose praktyke van die duisternis nie, maar stel dit eerder aan die kaak. Dit is 'n skande om selfs te praat oor die dinge wat die ongehoorsame mense in die geheim doen. Maar alles word aan die kaak gestel wanneer die lig daarop val."

Hier is teregwysing nie net die berisping van die oortredinge nie. Dit is 'n teregwysing, sodat iemand uit die duisternis kan kom, en na die lig gaan. Somtyds, wanneer die kerklidmate in moeilike situasies beland, as gevolg van hulle sondes, eerder as om hulle gerus te stel, laat ek hulle eerder verstaan waarom hulle die toetse en beproewinge in die gesig staar. Ek berispe hulle, omdat hulle nie in die waarheid lewe nie. Maar selfs al berispe niemand ons, is dit belangrik dat ons onsself teregwys, ooreenkomstig die Woord van God wanneer ons iets verkeerd gedoen het.

Wanneer God elke sonde en duisternis van ons openbaar en uitwys, is dit omdat Hy ons liefhet. Die God van liefde wil hê dat Sy kinders in die volmaakte lig van God woon, sodat hulle seëninge op die aarde kan ontvang, en verder dat hulle in die toekoms, in 'n helderder ligruimte in die ewige koninkryk van die Hemel sal woon. Hiervoor, moet ons alles wat aan die duisternis behoort, verwerp, en heiligheid en volmaaktheid ontwikkel, sodat ons God, wie Lig is, se ewebeeld kan word (Matteus 5:48; 1 Petrus 1:16).

Vanaf die tyd waat hy die Here ontmoet het, terwyl hy onderweg na Damaskus was, was die apostel Petrus teenoor

Christus gehoorsaam en het hy die evangelie aan ontelbare nie-Jode verkondig. Hy het gesê, "Elke dag word ek deur die dood bedreig. Ja, broers, dit is waar, net so waar as wat julle my trots is in Christus Jesus, ons Here" (1 Korintiërs 15:31).

Indien ons deeglik vleeslike gedagtes, wat strydig met God is, verwerp en daagliks in God sterf en slegs geestelike gedagtes het soos, "Hoe kan ek die koninkryk van God en sy regverdigheid ten uitvoer bring? Hoe kan ek my hart volkome reinig? Hoe kan ek meer siele na die Hemel lei?" dit is wanneer ons in staat sal wees om ware vrede te geniet, en vrugte van die Lig oorvloediglik te dra.

Die vrugte van die Lig is nie net omtrent goedheid, regverdigheid en betroubaarheid nie, maar is omtrent alle soorte vrugte wat ons dra, deur kameraadskap met God en die hart van Jesus Christus te hê, wat geestelike liefde insluit, die vrugte van die Saligheid en die vrugte van die Heilige Gees. Al daardie vrugte moet ten volle in ons gebore word, om ons in staat te stel, om Nuwe Jerusalem te kan ingaan. Indien sommige vrugte heeltemal ryp is, terwyl ander nog nie ryp is nie, sal ons nie die kwalifikasie hê, om Nuwe Jerusalem te kan ingaan nie. Ek hoop jy sal die Woord van God ywerig beoefen, en die kwalifikasies verkry, om die helderste deel van die ligruimte te kan ingaan.

Deel 2

Gees, Siel en Liggaam
in die Geestelike Ruimte

Kriteria met Kategorisering van Hemelse Woonplekke

Glorie in die Geestelike Ruimte Gegee

"Kyk, ek maak 'n geheimenis aan julle bekend: Ons sal nie almal sterwe nie, maar ons sal almal verander word. By die laaste trompet sal dit in 'n oomblik, in 'n oogknip gebeur, want die trompet sal weerklink, en die dooies sal as onverganklikes opgewek word, en ons sal verander word. Hierdie verganklike liggaam moet met die onverganklike beklee word, en hierdie sterflike liggaam met die onsterflike" (1 Korintiërs 15:51-53).

Hoofstuk 1
Verskillende Woonplekke

Die hemelse woonplekke wat ons sal ontvang sal verskil
ooreenkomstig tot die mate waartoe ons met God se beeld ooreenstem
en volgens Sy wil lewe.
Die hemelse koninkryk het verskillende woonplekke.
Hoe beter die hemelse woonplek is,
hoe groter die eer en vreugde wat ons daar sal geniet.

Die Hemel Het Baie Woonplekke

Die Hemel Verduur Geweld

Die Rede Waarom Hemelse Woonplekke Gekategoriseer Is

Paradys, die Woonplek vir Hulle Wie Skaars Gered is

Nuwe Jerusalem, die Woonplek vir Persone met Volkome Gees

Mense is geneig om slegs iets te glo, indien hulle dit kan sien en met hulle eie oë kan verifieer . Maar daar is baie dinge wat mense nie met hulle oë kan verifieer nie. Byvoorbeeld, winde en die reuk van blomme kan nie gesien word, maar dit bestaan wel. Daar is ook 'n geestelike koninkryk wat op 'n hoër afmetingsvlak as die sigbare, fisiese wêreld is. Dit is nie korrek om die geestelike koninkryk te ontken, net omdat dit nie sigbaar is nie.

In die groot geestelike ruimte, is die koninkryk van die hemel in die derde hemel geleë. Die derde hemel is 'n onbeperkte ruimte en het verskeie woonplekke, van Die Paradys tot Nuwe Jerusalem. Die hemelse woonplek wat aan elkeen wie gered is gegee word, verskil ooreenkomstig tot die mate waartoe elke persoon heiligmaking te uitvoer gebring het, en volgens God se wil in die geloof lewe. Ooreenkomstig, tot die mate wat ons die soort persoon word wat God in hierdie lewe verlang, sal ons verskillende glorie ontvang as 'n persoon wie tot die Hemel behoort.

Dit is waarom 1 Korintiërs 15:40-41 lees, "Daar is hemelligame en daar is aardse liggame. Die glans van die hemelligame is anders as dié van die aardse liggame. Die glans van die son is anders as dié maan of dié van die sterre. Ook verskil die een ster se glans van dié van die ander."

Die Individuele Glories in die Hemel

Een van God se oorspronklike nature is heiligheid. Die Bybel praat dikwels omtrent heiligheid, omdat God wil hê dat mense wie volgens God se beeld geskep is, die heiligheid van God moet hê. Levitikus 20:26 sê, "Julle moet heilig lewe, want Ek die Here is heilig. Ek het julle afgesonder uit die volke om aan My te behoort." 1 Petrus 1:16 sê, "...Daar staan immers geskrywe: 'Wees heilig, want Ek is heilig.'"

Daarom, hulle wie volgens die wil van die heilige God lewe, is diegene wie tot die hemel behoort. Hulle sal die hemelse glorie in die hemelse koninkryk geniet. Aan die ander kant, hulle wie sondig en kwaadwillig lewe, wat teen God se wil is, behoort tot die aarde en gevolglik sal hulle Hel toe gaan.

Diegene wie tot die aarde behoort, is nie net die mense wie Jesus Christus aanvaar het nie, en nie in God glo nie. In Matteus 7:21 sê dit, "Nie elkeen wat vir My sê: 'Here, Here,' sal in die koninkryk van die hemel ingaan nie, maar net hy wat die wil doen van my Vader wat in die hemel is." Selfs al sê hulle, 'Here, Here,' en sê dat hulle in Hom glo, is hulle steeds tussen diegene wie aan die aarde behoort, solank as wat hulle nie die wil van God beoefen nie.

Wat moet ons doen om die hemelse koninkryk in te gaan, en die glorie van die son as 'n persoon wie aan die hemel behoort, te kan geniet? In Hebreërs 12:4 vind ons dat gedurende ons lewens op die aarde, moet ons teen die sondes stry en dit verwerp, 'tot die punt van bloedstorting'. Verder, in 1 Tessalonisense 5:22 sê dit dat ons heiligheid ten uitvoer moet bring, deur ontslae te raak van alles wat sleg is, en Geesvervuld moet wees. Net soos wat die sonlig, maanlig en die sterre se lig wat hulle uitgee verskillend is, sal die glorie van die persone wie tot die hemel behoort, ook verskillend wees.

Jesaja 60:1 sê, "Kom, Jerusalem, laat skyn jou lig! Vir jou het die lig gekom, die magtige teenwoordigheid van die Here het vir jou lig gebring." Nadat ons Jesus Christus, wie as die Lig na die wêreld gekom het, aangeneem het, begin ons om geestelike ligte uit te straal, tot die mate wat ons volgens die Woord van God handel. As persone wie tot die hemel behoort, moet ons die lig so helder uitstraal soos die sonskyn om twaalfuur in die middag, sodat ons die mag van die duisternis kan verdryf, en baie siele op die weg na saligheid kan lei, en aan God glorie kan bring.

Die Hemel Het Baie Woonplekke

Jesus het die Joodse Paasfeesete saam met Sy dissipels in die bokamer by Markus, net voor sy dood gehad. By die Laaste Awendmaal, het Hy hulle herinner aan die bestaan van die koninkryk van die hemel, sodat hulle hoop daarvoor moet hê.

Jesus sê in Johannes 14:2-3, "In die huis van my Vader is daar baie woonplek. As dit nie so was nie, sou Ek nie vir julle gesê het Ek gaan om vir julle plek gereed te maak nie. En as Ek gegaan het en vir julle plek gereed gemaak het, kom Ek terug en sal julle na My toe neem, sodat jule ook kan wees waar ek is."

Jesus het op die derde dag weer opgestaan, nadat Hy gekruisig was, en opgevaar na die Hemel ten aanskoue van baie mense. Hy het gegaan om die woonplekke voor te berei in die Hemel, waar God se kinders vir ewig sal woon. Toe hy gesê het, "In die huis van my Vader is daar baie woonplek," het Hy die begeerte uitgespreek dat alle mense gered moet word (1 Timoteus 2:4).

Die Hemel is 'n geestelike ruimte wat geskep was, voordat God die Drie-eenheid op die Aarde geskep was. Dit is 'n onbeperkte ruimte wat se diepte, wydte, digtheid en grootte nie deur die menslike verstand gemeet kan word nie. Dit bevat die troon van God, ontelbare geestelike wesens en die wonings waar God se kinders vir ewig sal woon. In die middel van die koninkryk van die hemel is Nuwe Jerusalem, wat die Hemel se heerlikste woonplek is.

Die geestelike ligte wat vanaf God se troon vloei, en die rivier met die water van die lewe maak God se kinders gelukkiger en meer geëerd. God gee aan elkeen van ons 'n paslike woonplek en toekennings, ooreenkomstig tot watter mate ons geloof gehad het, en hoe ons op die aarde aan God glorie gebring het.

Die stad Nuwe Jerusalem is op die toppunt van die derde hemel geleë, en 'onder' Nuwe Jerusalem is die Derde, Tweede en Eerste Koninkryke van die Hemel en die Paradys. Dit meen egter nie, dat hulle soos 'n gebou, laag vir laag, op hierdie aarde bokant mekaar geplaas is nie. Alle woonplekke in die hemel is horisontaal, maar nogtans vertikaal met verskillende hoogtes.

Die Hemel Verduur Geweld

Matteus 11:12 sê, "Sedert die dae van Johannes die Doper tot nou toe breek die koninkryk van die hemel vir homself 'n pad oop, en mense wat hulle kragtig inspan, kry dit in besit." Die Hemel is 'n pragtige en 'n rustige plek, en waarom word dit gesê dat dit geweld verduur en kragtige mense kry dit in besit, deur geweld?

Dit beteken dat hulle wie groter hoop vir die hemelse koninkryk het, sal 'n ywerige lewe in geloof lei, en probeer om die stad Nuwe Jerusalem te kan ingaan. Hierdie ywerige lewe verwys na die uitdrukking, 'kragtige mense kry dit in besit'.

Nou, teenoor wie moet jy kragtig optree? Hulle is kragtig teenoor die vyandige duiwel en Satan wat mense aanhits om sondes te pleeg. Om sodoende die Hemel te kan ingaan, moet ons die duisternis beveg en dit oorkom. Om te veroorsaak dat mense struikel, stimuleer die vyandige Satan die sondige natuur in die mense en veroorsaak dat hulle sondig. Hier, sal diegene wie regtig na die koninkryk van die hemel verlang, dit met die Woord van God oorkom.

Ons kan die stad Nuwe Jerusalem met krag oorneem, tot die mate wat ons heilige kinders van God geword het, deur wyse van spreuke van God se Woord en gebede (1 Timoteus 4:5). Vanaf 2 Korintiërs 12:1 en verder, sien ons dat die apostel Paulus na Die Paradys gegaan het, wat in die derde hemel is, en baie van die koninkryk van die hemel se groot geheime geleer het. Vanaf daardie tyd het hy aangehou, om die goeie stryd te voer, totdat hy 'n martelaar geword het. Hy het die stad Nuwe Jerusalem met krag geneem, en opgekyk na die kroon van regverdigheid wat God vir hom voorberei het.

Die Openbaring 19:7-8 lees, "Laat ons bly wees en juig en aan Hom die eer gee, want die bruilof van die Lam het aangebreek, en sy bruid het haar daarvoor gereed gemaak. God het haar dit vergun om fyn, helder blink klere aan te trek. Hierdie fyn klere is die regverdige dade van die gelowiges," en Die Openbaring 22:14 lees ook, "Geseënd is dié wat hulle klere was, sodat hulle reg kan hê op die boom van die lewe en deur die poorte in die stad kan ingaan."

Hier, verwys die 'klere' en 'fyn klere' na die harte en dade van die mense. Ons kan slegs deur die hekke gaan, en die stad binnegaan wanneer ons, ons harte en dade gesuiwer het. Wanneer die meervoudige 'hekke' gebruik word, kan ons sien dat daar baie hekke is. Om ons in staat te stel om Nuwe Jerusalem te kan binnegaan, moet ons eerstens deur die hek van saligheid gaan, en die kwalifikasies verwerf, om Die Paradys te kan ingaan. Dan, moet ons deur die hekke van die Eerste, Tweede en Derde Koninkryke beweeg. Laastens, moet ons deur die Pêrelhekke van Nuwe Jerusalem gaan.

Dit is die rede waarom dit sê 'hekke', en ons kan uit hierdie gedeelte leer, dat nie almal wie gered word, dieselfde glorie in die Hemel sal ontvang nie. Dit is iets waarvoor ons baie dankbaar moet wees, dat ons weet omtrent hierdie hemelse koninkryk, en daarna strewe om 'n beter woonplek met krag te neem.

Die Rede Waarom Hemelse Woonplekke Gekategoriseer Is

Hulle wie Jesus Christus aangeneem het, maar nie hulle hart gereinig het, en dus nie hulle sonde verwerp het nie, het 'n baie gedompte geestelike lig. Maar hulle wie alle vorme van sonde verwerp het, en heilig geword het, het 'n baie sterk geestelike lig. Soos reeds gemeld, elke gelowige se helderheid van sy geestelike lig verskil. Hoe meer gelowiges die Woord van God beoefen en hulle sondes verwerp, hoe helderder en mooier is die lig wat uit hulle straal. Hulle wie volkome heilig geword het, het sulke helder ligte dat diegene wie nie volkome heilig is nie, selfs nie direk na hulle kan kyk nie.

Indien ons net met ons gesonde verstand dink, dan is dit moeilik vir diegene wie 'n sterk geestelike lig het, om met hulle te meng en saam te lewe, wie nie 'n sterk geestelike lig het nie. Selfs op die aarde is dit gemakliker vir kinders om met kinders, tienderjariges met tienderjariges en volwassenes met volwassenes te vergader. Kinders en volwassenes kan nie regtig vriende word nie, omdat hulle elkeen se wêreld so verskillend is, en hulle intelligensievlakke en maniere van dink ook beduidend verskil.

Net so, hulle wie dieselfde helderheid van geestelike lig het, sal in dieselfde plek woon. Wat, indien almal in een ruimte in die ewige koninkryk van die hemel woon? Hulle wie heilig is sal mekaar se harte verstaan, sonder enige ongemaklikhede. Maar hulle wie onheilig is, kan hulle nie regtig verstaan nie. Vir hierdie rede, het God verskeie woonplekke gekategoriseer, sodat mense met dieselfde omvang van geestelike helderheid, gemaklik saam kan woon.

Die Openbaring 21:23 sê, "Die stad het nie die son en die maan nodig om hom te verlig nie, want die heerlikheid van God het hom verlig, en die Lam is sy lamp." Tussen die verskeie hemelse woonplekke is die stad Nuwe Jerusalem, die kristalvormige paleis van die menslike ontwikkeling wat God beplan het. God het die Derde, Tweede en Eerste Koninkryke van die Hemel en die Paradys voorberei, vir hulle wie nie hulle harte volkome met die waarheid ontwikkel het, en nie kwalifiseer om Nuwe Jerusalem te kan ingaan nie.

Nou, laat ons delf in sommige van die karaktereienskappe van elke woonplek, vanaf Die Paradys tot die stad Nuwe Jerusalem. Ons sal ook kyk na watter soort mense gaan elke woonplek binne.

Die Paradys, die Woonplek vir Hulle Wie Skaars Gered is

God het vir Jesus na die aarde gestuur, vir ons wie die weg van die dood volg, as gevolg van sondes. Jesus het ons vrygekoop van al ons sondes, deur Sy kruisiging. Indien ons glo dat Hy die enigste weg na die saligheid is, en Hom as ons persoonlike Saligmaker aanvaar, gee God vir ons die gawe van die Heilige Gees. Wanneer ons eers die Heilige Gees ontvang het, sal ons gees wat dood was, as gevolg van Adam se sondes, weer herleef, en ontvang ons die reg om God ons 'Vader' te noem. Dit beteken ons word kinders van God, ons name is in die Boek van die Lewe geskryf, en ons verkry burgerskap in die hemelse koninkryk.

Maar nadat ons dooie gees opgewek is, kan hierdie gees nie groei, indien ons nie die Woord van God beoefen, en ons sondes verwerp nie. Ons gees groei, tot die mate wat ons sondes verwerp. Ons kan slegs Nuwe Jerusalem ingaan, wanneer ons die verlore beeld van God herwin het, deur ons gees volkome te laat groei. Indien ons gees nie opgroei nie, en ons skaars saligheid bereik deur geloof te hê, wat so klein soos 'n mosterdsaad is, sal ons na die Paradys gaan. In terme van die geloofsvlakke is dit die heel eerste vlak. Die eerste geloofsvlak is die vlak waarmee ons saligheid, met skaamte bereik.

Die Paradys is 'n plek wat met God se liefde en deernis gemaak is. God het hierdie plek voorberei vir mense wie gered is, maar nie werd is om God se kinders genoem te word nie. Dit is ietwat skandelik om hulle God se kinders te noem, maar God kan hulle ook nie Hel toe stuur nie. Inderwaarheid, sal die Paradys die meeste aantal gelowiges huisves, in vergelyking met die ander woonplekke. Hierdie plek is selfs wyer as die heelal van die eerste hemel. Die mense van die Paradys sal dankbaar wees, en gelukkig vir ewig daar lewe, net vir die feit dat hulle nie Hel toe gegaan het nie, maar gered was.

Selfs, alhoewel dit die laagste vlak van woonplek in die Hemel is, is daar geen plek op die aarde wat die skoonheid en heerlikheid het, om dit mee te begin vergelyk nie. Op die wye vlakte wat die perfekte harmonie met pragtige blomme en groen bome het, dwaal verskeie diere rond en hulle almal lyk so lieflik.

Op die aarde sal die bome en die blomme met die verloop van tyd uitdor en vergaan. Maar, die bome van die Paradys is altyd groen en die blomme is onverganklik. Wanneer mense dit nader, sal die blomme agtertoe en vorentoe swaai, of hulle knoppe open en sluit wanneer hulle 'n uitsonderlike en wonderlike geur vrystel, asof hulle die mense verwelkom. Daar is so baie soorte vrugte. Dit is 'n bietjie groter as die aarde se vrugte en het 'n glinstering soos die dageraad. Mense kan dit direk vanaf die bome eet, omdat daar geen stof of insekte is nie.

Hulle kan op die grasperk sit en vriendelike gesprekke voer, terwyl hulle die vrugte eet. Hierdie mense het niks gedurende hulle aardse lewens vir die koninkryk van God gedoen nie, dus ontvang hulle geen toekennings in die hemel nie. Maar hulle is net so bly dat daar geen hartseer, siektes, pyn of dood bestaan nie. In baie uitsonderlike gevalle en by geleenthede kan sommiges van hulle na byeenkomste wat in Nuwe Jerusalem plaasvind, uitgenooi word.

Daar is egter 'n groot verskil in lig tussen hulle wie in Nuwe Jerusalem is, en hulle wie in die Paradys is. Dus, die mense in die Paradys aanvaar gewoonlik nie die uitnodiging nie, omdat hulle te verleë voel om te gaan. Wanneer hulle wel besoek aflê, moet hulle sekere opdragte en tydskedules nakom. Hulle is net so bly om die heerlike stad Nuwe Jerusalem te kan besoek, en dit verskaf groot vreugde aan hulle om dit te deel, wat hulle in Nuwe Jerusalem gesien en ervaar het, nadat hulle na die Paradys terugkeer.

Net omdat Die Paradys die laagstevlak woonplek in die Hemel is, moet ons nie die skoonheid en vreugde daarvan onderskat nie. Alhoewel dit 'n plek is vir hulle wie met skaamte gered is, is dit steeds 'n plek wat nie met enige plek op die aarde vergelyk kan word, ten opsigte van skoonheid nie, en dit is selfs mooier as die Tuin van Eden, waar Adam gewoon het.

Eerste Koninkryk van die Hemel

Die Eerste Koninkryk van die Hemel is 'n mooier en gelukkiger plek as die Paradys. Alles is omgewingsgewys mooier as die Paradys. Dit is 'n plek vir hulle wie Jesus Christus aangeneem het, hulle dooie geeste laat herleef het, en probeer het om die Woord van God in werking te stel, maar dit nie volkome beoefen het nie. Naamlik, dit is vir hulle, wie die tweede geloofsvlak het, in die groeiproses van geloof.

In die Eerste Koninkryk van die Hemel ontvang hulle toekennings en 'n huis, ooreenkomstig tot wat hulle op die aarde gedoen het. Die huise in die Eerste Koninkryk van die Hemel is soos vertrekke op die aarde. Dit word met goud en ander kosbare edelstene, ooreenkomstig die eienaars se keuses gebou. Daar is hysbakke in die geboue, wat deur God se krag funksioneer, en dit neem jou na jou vloerkeuse sonder om 'n knoppie te druk.

Vir hulle wie die Eerste Koninkryk ingaan, sal 'n onverganklike kroon gegee word (1 Korintiërs 9:25). Dit is soos 'n deelnemingsprys. Hulle het die Woord van God geken, maar dit nie op die aarde beoefen nie. Hulle het geweet dat hulle sondes moet verwerp, maar hulle het nie baie sondes soos aan hulle opgedra, verwerp nie. Maar God het hulle pogings, om Sy Woord te beoefen self oorweeg as hulle geloof, en hulle daarvolgens toekennings gegee.

Daar is baie mooi tuine in die Eerste Koninkryk van die Hemel. Daar is ook ontspangeriewe soos, groot parke met baie bome, pretparke, mere, wandelpaaie, swembaddens, gholfbane, tennisbane ensovoorts. Behalwe vir die individuele woonplekke en die krone wat toegeken is, is al die ander dinge vir publieke gebruik beskikbaar. Dit is soortgelyk as om parke of sportfasaliteite in woonkomplekse vir publieke gebruik te hê.

Daar is geen persoonlike-raadgewende engele nie. Nietemin, kan mense leiding van engele oral ontvang. Dit is wat die primêre onderskeid van die Paradys is. Byvoorbeeld, terwyl hulle op 'n bank sit en gesels, kan hulle 'n engel vra om vir hullle vrugte te bring, indien hulle vrugte wil eet. Maar in die Paradys moet hulle self die vrugte gaan haal. Op hierdie wyse, is daar 'n groot verskil in leefwyse tussen hulle wie in die Paradys en die Eerste Koninkryk van die Hemel is. Hulle wie in die Eerste Koninkryk van die Hemel is, raak nie jaloers op diegene wie in 'n hoërvlak woonplek woon nie. Elkeen voel die uiterste vreugde en bevrediging by elke woonplek.

Tweede Koninkryk van die Hemel

Die Tweede Koninkryk van die Hemel is selfs helderder en pragtiger as die Eerste Koninkryk van die Hemel. Die geboue wat van kosbare edelstene gebou is, is pragtiger en mooier. Die aantal verskillende soorte diere en plante is meer gediversifeerd, as in die Paradys en die Eerste Koninkryk van die Hemel. Selfs dieselfde soort dier of plant is baie mooier as hulle in die Eerste Koninkryk van die Hemel. In die geval van die diere, hul fisiese voorkoms is meer bekoorlik en elegant en hulle prag is groter, terwyl die kleure van die vere en pelse helderder is. Dit is dieselfde met die blomme se geur en kleure.

Die Tweede Koninkryk van die Hemel is vir hulle wie die Woord van God deur handelinge beoefen het, maar nie volkome heiligmaking ten uitvoer gebring het nie, naamlik vir hulle wie by die derde geloofsvlak is. Hulle het alle sondes deur handeling verwerp, maar nie alle sondes soos in die gedagtes en die hart gepleeg, verwerp nie.

Hulle sal 'n enkelverdieping individuele huis ontvang, met 'n naambord op die hek. Hierdie huise is mooier en spoggeriger, as enige herehuis op die aarde. Die gewone toekenning, behalwe die huis is die kroon van glorie. Hulle gee op die aarde tot 'n mate, glorie aan God, en dit is waarom God vir hulle die kroon van glorie gee (1 Petrus 5:4).

Ter aanvulling van die kroon en die huis, hulle wie die Tweede Koninkryk van die Hemel ingaan, kan iets afsonderlik kry, wat hulle die graagste wil hê. Indien hulle 'n swembad wil hê, kan hulle 'n wonderlike swembad kry, van pragtige edelstene gemaak. Indien hulle 'n meer wil hê, kan hulle dit kry. Indien hulle 'n danssaal wil hê, kan hulle een kry. Indien hulle daarvan hou om 'n wandeling te neem, kan hulle wandelpaaie kry, waarlangs hulle kan stap met baie plante en blomme langs die pad as ook baie lieflike diere wat daar rondbeweeg.

Aangesien almal verskillende voorliefdes het, is daar baie verskillende fasaliteite, dus kan hulle mekaar se huise besoek om dit te sien, en daardie verskillende fasaliteite saam gebruik. In die Hemel dien almal mekaar, dus weier niemand sou iemand sy of haar huis wil besoek nie. Hulle word eerder gelukkiger, omdat hulle kan deel wat hulle het. Die besoekers soek nie hul eie voordeel nie, maar doen 'n beleefde besoek, sonder enige verwagtinge.

Hulle wie in die Tweede Koninkryk van die Hemel is, voel nie jammer of is nie afgunstig oor wat ander mense het, omdat hulle slegs een fasaliteit het nie. Hulle is eerder teenoor God dankbaar, dat Hy vir hulle so 'n groot toekenning gegee het, wat baie meer is dan wat hulle op die aarde gehad het. Een ding wat in hulle gedagtes is, is dat hulle nie hulleself volkome geheilig het, gedurende hulle lewens op die aarde nie. Hulle sal so skaam voel oor die feit dat hulle nie hulle sondes volledig verwerp het, dat hulle nie hulle gesigte voor God kan oplig nie.

Die Derde Koninkryk van die Hemel

Die verskil in glorie tussen die Tweede Koninkryk van die Hemel en die Derde Koninkryk van die hemel is, soos die verskil tussen die hemele en die aarde. Hierdie verskil hang daarvan af, of 'n individu heiligmaking ten uitvoer gebring het, of nie. Hulle wie in die Derde Koninkryk van die Hemel is, is by die vierde geloofsvlak. Hulle het heiligheid ten uitvoer gebring, dus kan hulle alle soorte fasaliteite wat hulle wil hê, as hulle beloning kry. Hulle kan gholfbane, swembaddens en danssale—dit is, hulle kan enigiets kry wat hulle wil hê, daarom het hulle nie nodig om 'n fasaliteit by iemand anders se huis te gebruik nie.

Die huise het veelvuldige verdiepings, en dit is so luuks en verbeeldingryk, dat selfs nie eers biljoenêrs op die aarde sulke huise kan naboots nie. Hulle het groot tuine, gevul met geurige blomme en bome wat pragtig versier is. Baie vissoorte met verskillende kleure, swem in die mere wat skitterende verblindende ligte uitstraal. Natuurlik, hierdie huise is geringer as die in Nuwe Jerusalem in terme van grootte, skoonheid en glorie. Verhoudingsgewys, indien ons sê dat die erf van die kleinste huise in Nuwe Jerusalem 100 eenhede is, dan is die erwe van die huise in die Derde Koninkryk van die Hemel slegs 60 eenhede. Dit sê vir ons dat God verheug is, oor wie Nuwe Jerusalem ingaan.

Die huise in die Derde Koninkryk stel pragtige aroma en ligte vry, tot die mate wat die huiseienaar God verteenwoordig. Die algemene faktor van die huise in beide die Derde Koninkryk van die Hemel en Nuwe Jerusalem is, dat hulle nie naamborde het nie. Die huise self stel 'n unieke geur en 'n aurora-gelyke lig vry, wat die eienaar verteenwoordig, sodat enigiemand weet wie se huis dit is, sonder die naambord. Dit is ook, omdat tussen al die gelowiges wie die hemelse koninkryk ingaan, is daar vergelykenderwys slegs 'n paar wie die Derde Koninkryk van die Hemel en Nuwe Jerusalem ingaan.

Dit is nie net oor die huise nie. Selfs dieselfde goue paaie is helderder, en meer kosbaar as dit in die Tweede Koninkryk van die Hemel. Aangesien hulle alle fasaliteite kan kry wat hulle wil hê, in die Derde Koninkryk van die Hemel, word daar ook baie engele voorsien. Daar is baie helpende engele wat die huise en die besoekers bestuur. Tot by die Tweede Koninkryk van die Hemel is daar geen persoonlike leidinggewende engele nie, maar in die Derde Koninkryk van die Hemel en Nuwe Jerusalem is daar toegewysde engele aan al die inwoners. Hulle het ook wolkmotors vir publieke gebruik, en hulle kan die eindlose hemelse koninkryk deurreis soos wat hulle wil.

'n Kroon van die lewe, word aan die inwoners in die Derde Koninkryk van die Hemel gegee. Dit is 'n basiese toekenning wat gegee word, omdat hulle die toetse geslaag het, of hulle lewens vir die Here gegee het (Jakobus 1:12). Hulle in die Derde Koninkryk van die Hemel lewe sulke heerlike lewens, in vergelyking met hulle in die Tweede Koninkryk van die Hemel. Maar, selfs hierdie mense het berou, wanneer hulle Nuwe Jerusalem sien. Daarom, is dit baie belangrik dat ons God verheerlik, deur getrou met al God se werksaamhede te wees, en saam daarmee, heiligheid in ons te ontwikkel.

Nuwe Jerusalem, die Woonplek vir Persone met Volkome Gees

Die apostel Johannes het, omtrent die glorie van die stad Nuwe Jerusalem in Die Openbaring 21:11 gesê, "... sy glans is soos dié van die kosbaarste edelsteen, soos 'n kristalhelder opaal."

Die hele stad is deur God se glorie omring. Die ligte wat vanaf die stad Nuwe Jerusalem uitstraal, is so sierlik en pragtig dat ons nie in staat sal wees om ons uitroepkrete te beheer, wanneer ons dit sien nie. Dit is so 'n mooi en verhewe plek, ver bokant ons verbeelding. Dit is aan hulle gegee wie heiligheid ten volle voortgebring het; wie getrou in al God se werksaamhede was; en wie God se wil met die begrip van God se diep hart, nagevolg het. Naamlik, dit is 'n woonplek vir hulle persone met volkome gees, wie die vyfde geloofsvlak bereik het.

Hierdie stad is omring deur hoë mure wat helder ligte uitstraal, en dit is die grenslyn tussen die Derde Koninkryk van die Hemel en die stad Nuwe Jerusalem. Die afmetings van die stad Nuwe Jerusalem is, dieselfde ten opsigte van die wydte en lengte. Elkeen daarvan is 12,000 kilometer, terwyl die mure se hoogte 144 kilometer is (Die Openbaring 21:16). Die engel het die mate van mense gebruik.

Indien jy die stad Nuwe Jerusalem horisontaal sien, dit wil sê die lengte en breedte, dan is die stadsoppervlakte 58 keer die oppervlakte van Suid Korea. Hierdie berekening van die oppervlakte is slegs twee-dimensioneel. New Jerusalem is ook 144 kilometer hoog. Daarom, kan ons nie ten volle die ruimte van die stad Nuwe Jerusalem met ons konsep van oppervlakte verstaan nie.

Elkeen van die vier stadsmure het drie pêrelhekke, wat in totaal twaalf hekke is. Die hoekstene van die stadsmuur, is twaalf verskillende soorte kosbare edelstene. Elke hek word deur 'n engel bewaak, en die paaie is gemaak van suiwer goud, wat soos kristalhelder glas vertoon. Daar is ook baie ander kosbare edelstene, ter aanvulling tot die twaalf hoekstene. Sommiges daarvan is ondenkbaar groot. Sommige ander straal twee of drievoudige lae verskillende ligte uit.

Die binneste van die stad Nuwe Jerusalem kan verdeel word in die area van God die Vader, die area van die Here en die area van die Heilige Gees. In die area van die Vader is ook die huise van die voorvaders van geloof geleë, wie in die Ou Testamentiese tye baie aktief was. Hulle sluit in, maar is nie beperk tot Elisa, Henog, Moses en Abraham. Regs ondertoe, vanaf die troon van God is die area van die Here, waar die hoofkasteel met die goue dak geleë is. Rondom die kasteel is baie ander geboue met verskillende kleure en vorms. In die onmiddelike nabyheid, is die huise van Sy dissipels Petrus, Johannes, en Jakobus, en dan die ander dissipels se huise.

Aan die linkerkant ondertoe, vanaf die troon van God is

die area van die Heilige Gees, wat oor die algemeen die sagte en koel gevoelens weergee, net soos 'n moeder. In hierdiet area is die huise geleë, van hulle wie as persone met volkome gees, gedurende die tydvlak van die Heilige Gees, na vore gekom het. Sommigee van die huise is reeds voltooi, terwyl sommige ander huise wat feitlik voltooi is, met pragtige juwele versier is. Sommige huise se erwe is vergroot, omdat die eienaar op die aarde besig is, om nog meer siele te red.

Die huise in Nuwe Jerusalem is, so groot en pragtig soos reuse kastele. Hulle sal 'n erf ontvang tot die mate wat hulle op die aarde nederigheid ten uitvoer gebring het, en hulle wie in Nuwe Jerusalem is, sal 'n groot stuk grond ontvang vir hulle huise, omdat hulle 'n groot gedeelte nederigheid ontwikkel het. Elke huis het al die fasaliteite wat hulle eienaars wil hê, en jy kan makllik sê wie se huis dit is, omdat dit gebou word ooreenkomstig tot die geloof, toekennings en voorkeure van die eienaar. Die lig van God se glorie en die juwele wat elke huis versier, vertel vir ons tot watter mate die eienaar heilligheid ontwikkel het, en hoe hy/sy vir God op die aarde verheerlik het. Aan hulle word pragtige toekennings gegee, tot die mate wat hulle opgegee het waarvan hulle hou, wat hulle wou gedoen het, en wat hulle vir die Here wil hê.

Die goue kroon en die kroon van regverdigheid, sal basies aan hulle gegee word wie Nuwe Jerusalem ingaan. Die goue kroon het baie soorte versierings, bestaande uit kosbare edelstene. Die Openbaring 4:4 sê, "Reg rondom die troon was daar vier en twintig ander trone, en op die trone het daar vier en twintig ouderlinge gesit. Hulle het wit klere aangehad, en op hulle koppe was daar goue krone."

Die goud van die goue kroon is suiwer goud wat geen ander vreemde inhoud het nie. Dit verteenwoordig ware geloof, wat onveranderlik is. Dit is 'n toekenning wat gegee word, vir die feit dat hulle die geloofsvlak bereik het, wat vir God verheerlik.

Die kroon van regverdigheid word gegee, aan hulle wie hulle harte gesuiwer het, sodat dit blaamloos en vlekkeloos is, en wie getrou aan die koninkryk van God was (2 Timoteus 4:7-8). Behalwe die krone van goud en geregtigheid, sal daar ook ander krone gegee word, aan hulle wie Nuwe Jerusalem ingaan. Vir elke geleentheid waar hulle grootliks aan God glorie op die aarde gee, sal 'n kroon toegeken word.

Behalwe dit, is daar baie meer dinge wat God vir ons in die stad Nuwe Jerusalem voorberei het. Omtrent dit, word in Die Openbaring 21:2 gesê, "En ek het die heilige stad, die nuwe Jerusalem, van God af uit die hemel uit sien afkom. Die stad was gereed soos 'n bruid wat vir haar man versier is." Net soos wat bruide hulleself vir die troudag verfraai, het God die stad Nuwe Jerusalem as die mooiste, gemaklikste, geselligste en vreugdevolste plek tussen al die hemelse woonplekke voorberei.

Verskeie kleure wat vanaf helder edelstene van elke huis uitstraal, sal 'n perfekte harmonie van kleure uitmaak. Sommige huise het 'n groot meer, 'n groot woud, 'n uitgestrekte vlakte, wonderlike versierde tuine, ontspanfasaliteite en ontelbare voëls en pragtige diere. Deur net Nuwe Jerusalem self in te gaan, sal die mense se harte aanraak. Hulle sal blydskap vir ewig in glorie en aandoening geniet, wat nie voldoende beskryf kan word nie.

Daar is nie baie wie Nuwe Jerusalem, sedert die begin van die menslike ontwikkeling, in gegaan het nie. God wil hê dat almal na vore moet kom, as Sy ware kinders en Nuwe Jerusalem ingaan, maar daar is so baie mense wie skaars net gered is. Hulle is altyd so dankbaar oor die feit dat hulle nie in die Hel beland nie, en in plaas daarvan, kan hulle ware rus in die Paradys geniet.

Die vreugde wat in die Paradys gevoel kan word, kan geensins met dit van Nuwe Jerusalem vergelyk word nie. Dit is ook baie verskillend, van die vreugde wat in die Eerste Koninkryk van die Hemel ervaar word. Daar is baie verskille in die omgewings en ander toestande van elke hemelse woonplek, ooreenkomstig tot God se regverdigheid, en dit is eintlik God se liefdevolle oorweegredes vir ons. Hy het hulle wie op dieselfde geestelike vlak is, toegelaat om saam te lewe en die uiterste vryheid en vreugde in elke woonplek te beleef. Op hierdie wyse lewe mense in hulle onderskeie hemelse woonplekke, en vir hierdie soort lewe het hulle die mees geskikte geestelike liggaam vir die geestelike ruimte.

Gees, Siel en Liggaam in die Geestelike Ruimte

God se gawe sal in verskillende mates gegee word, ooreenkomstig tot die mate waartoe ons gees, siel en liggaam ontwikkel, wat aan die gees behoort, terwyl ons in die fisiese ruimte lewe. Hy gee vir ons glorie wat ons in ons hemelse woonplek geniet, en dinge soos klere, krone en ander versierings ooreenkomstig tot wat ons gedoen het.

1. Geestelike Figuur

2. Siel en Liggaam wat aan die Gees Behoort

3. God se Geskenk

In rolprente of TV dramas sien ons somtyds dat die gees, wat presies soos die persoon lyk, uit die liggaam kom. Die gees wat uit die liggaam kom, sien die liggaam platlê en wonder met verbasing, "Waarom lê 'n persoon wat soos ek lyk, daar?" Is hierdie soort ding slegs 'n verdigsel, wat net in rolprente of TV dramas bestaan? Die Bybel skryf, omtrent die geestelike koninkryk en ons gees se bestaan.

Sodat ons later in die ewige koninkryk van die hemel kan lewe, moet ons 'n gees, siel en liggaam hê, wat aan die geestelike ruimte behoort. Alle mense word met 'n dooie gees gebore, as gevolg van Adam se sonde. Gevolglik, lewe hulle deur hulle wellus te volg. Maar, wanneer hulle eers vir Jesus Christus aangeneem het, en die Heillige Gees ontvang, kan hulle dooie gees opgewek word, en kan hulle ware kinders van God word, wie na die geestelike koninkryk verlang.

God het menslike wesens geskep en het die mensdom ontwikkel, net soos wat 'n landbouer saad saai in die lande en dit dan ontwikkel. Eers wanneer ons Sy voorsienigheid begryp, kan ons, ons dooie gees opwek en bewerkstellig dat ons siel en liggaam aan die gees behoort. Ons kan die lewe in die ewige koninkryk van die hemel geniet, en 'n volkome hemelse liggaam eers verkry, wanneer ons die gees, siel en liggaam het, wat toepaslik is vir 'n lewe in die derde hemel, wat die ruimte van lig is.

Hoe gaan ons voorkoms in hierdie ligruimte lyk? Op die aarde het ons die gees, siel en liggaam wat toepaslik is, vir die fisiese ruimte. Maar wanneer ons eers die geestelike ruimte ingaan, sal ons 'n gees, siel en liggaam benodig, wat vir daardie ruimte geskik is.

1. Geestelike Figuur

Geestelike figuur is die gees se vorm. Dit kan ook as 'n houer beskou word, om die gees te huisves. Elke persoon wie gered is, het 'n vorm wat aan die hemel behoort, en die glorie van elkeen is verskillend. Die lig van die geestelike liggaam is verskillend, ooreenkomstig tot die mate van elkeen se heiligheid. Ons sal die opgewekte liggaam hê, en dan die volmaakte hemelse liggaam daarna.

Figuur is die vorm van selfstandigheid. Wanneer ons 'n arend in die lug sien vlieg, kan ons sê dat dit 'n arend is, omdat dit 'n eie unieke vorm het. Leeus het die vorm van 'n leeu en arende het die vorm van 'n arend, dus kan ons hulle van mekaar onderskei.

Die fisiese liggaam is die fisiese vorm, wat ons met ons oë kan waarneem. In die mens se geval, het ons 'n vorm wat aan die aarde behoort, wat ons fisiese liggaam is, maar ons het ook 'n geestelike vorm wat aan die hemel behoort.

1 Korintiërs 15:38-40 sê, "Maar God gee 'n gestalte daaraan, soos Hy bepaal het; aan elke saadsoort gee Hy 'n eie gestalte. Die vleis van lewende wesens is nie alles eenders nie. Daar is 'n verskil tussen die vleis van mense, van diere, van voëls en van visse. Daar is hemelliggame en daar is aardse liggame. Die glans van die hemelliggame is anders as dié van die aardse liggame." Net soos wat ons 'n sigbare vorm het, wat ons fisiese liggaam is, het 'n gees ook 'n vorm. Ons kan sê dat die geestelike vorm is die houer, om die gees self te bevat. Soos met mense, wanneer ons lewens op die aarde verby is, word die omvang van ons gees nie uitgeblus nie, maar word in die geestelike liggaam behou. Die ligte van die geestelike liggaam is verskillend, ooreenkomstig tot die mate waartoe iemand die waarheid op die aarde beoefen. Die geestelike liggaam van elke persoon is verskillend, wat beteken

een liggaam is onderskeibaar van 'n ander. Deur die lig van die geestelike liggaam te sien, kan ons selfs sê, watter woonplek elke persoon sal erf, indien God hom/haar nou sal roep.

Die geestelike vorm is nie 'n skadufiguur nie. Die vorm daarvan is bepaald bestendig. Hoewel dit voorkom asof dit gewig mag hê, is dit gewigloos. Terwyl dit nogtans gewigloos voel, het dit tog gewig. Dit is soos om 'n stukkie sneespapier op te tel. Dit voel nie of daar enige gewig is nie, maar eintlik is daar gewig. Dit beteken nie dat die gees so swak is, dit iets is wat deur die wind weggewaai kan word nie. Dit is so lig, dat dit nie geweeg kan word nie, maar dit is standvastig.

Geestelike Vorm van Adam

Adam was die eerste mens wat God geskep het. God het delikaat al sy ingewande, bene en die hele vorm van die mens gemaak, en hy het 'n lewende wese, naamlik 'n lewende gees geword, nadat God in sy neusgate die asem van die lewe geblaas het. Adam se hart het begin klop, sy bloed het gesirkuleer en sy organe en selle het begin funksioneer. Hy was 'n pragtige wese wat vlees en bene gehad het, wat nooit verouder en sou vergaan nie. Verder, toe God in hom die asem van die lewe geblaas het, het Adam se gees begin om dieselfde vorm, as sy fisiese liggaam aan te neem. Net soos wat Adam se liggaam 'n vorm gehad het, het sy gees ook begin om 'n vorm te hê, wat dieselfde as sy fisiese liggaam vertoon. Adam se gees wat met God kon kommunikeer, en sy siel wat die gees kon ondersteun, was in Adam se liggaam saamgevat.

Adam kon die Woord van God gehoorsaam, en met God kommunikeer, omdat sy siel en liggaam sy gees gehoorsaam het. Toe hy geskep was, was sy gees wat in die geestelike liggaam saamgevat was, net soos 'n vel skoon papier gewees. So, God het hom in die Tuin van Eden ingelei, en vir hom die kennis van gees geleer. God het vir Adam gesê, "...maar van die boom van alle kennis mag jy nie eet nie. Die dag as jy daarvan eet, sterf jy" (Genesis 2:17).

Na die verloop van 'n lang periode in die Tuin van Eden het Adam van die verbode vrugte geëet, wat Eva vir hom gegee het, nadat sy ook daarvan geëet het, omdat sy deur Satan verlei was. As gevolg daarvan, net soos wat God die woorde gespreek het, "Jy sal sekerlik sterf," het Adam se gees gesterf. Daardeur was sy kommunkasie met God beëindig.

Natuurlik, omdat Adam se gees vanaf God kom, kan dit nooit heeltemal uitgeblus word nie. Die asem van die lewe wat God in Adam se neusgate geblaas het, het die eienskap van onverganklikheid. Dit beteken, dit het die karakter van, ' om nooit te vergaan nie.'

Hier, deur te sê sy gees het gesterf, beteken dat die kommunikasie met God was afgesny, en sy aktiwiteite het volkome tot stilstand gekom. Aangesien sy gees nie meer langer aktief was nie, het die siel die plek van die mens se meester oorgeneem, en oor die liggaam begin regeer. Sedert Adam se val, het die geestelike kennis wat vir Adam as 'n lewende gees gehou het, begin uitlek. Daarna het die vleeslike kenmerke wat tot die duisternis behoort, begin om in die geestelike vorm in te dring. Vanaf daardie oomblik verder, was Adam se liggaam onder die beheer van fisiese opdragte. Hy het 'n wese geword wat moes verander, verouder, en uiteindelik die dood.

Die Geestelike Vorm van 'n Persoon Tydens die Dood

Nadat die mense se fisiese liggame sterf, word hulle gees en siel in 'n geestelike vorm behou, en hulle sal vir ewig voortbestaan. Die siel word nie uitgeblus, selfs na die fisiese dood, omdat dit gekombineer is met die gees en hou aan met die siel se verrigtinge. Selfs nadat die liggaam dood is, en die breinfunksies stop, sal die kennis wat die brein bevat, in 'n geestelike vorm oorbly. Die gedagtes en gevoelens bly ook. Hierdie gekombineerde gees en siel is bekend as die 'gees-siel,' maar in die meeste gevalle verwys ons eenvoudig na hulle as 'gees'.

Aan die een kant, indien jy Jesus Christus aanneem en volgens die Woord van God lewe, en die reg bekom het om in die ligruimte in te gaan, sal jou geestelike vorm skitter. Aan die ander kant, indien iemand se gees dood is, omdat hy geen kameraadskap met God wie Lig is, het nie, maar in sonde en kwaad lewe soos deur die wêreld bevlek, sal sy geestelike vorm net duisternis bevat.

Die voorkoms van hulle wie gered is en hulle wie nie is nie, sal tydens hulle oomblik van dood, heeltemal die teenoorgestelde wees. Die ongereddes sterf gewoonlik in angs met hulle oë oop, maar hulle wie gered is sterf in vrede, met hulle oë gesluit. Hulle besef gewoonlik dat daar 'n Hemel en 'n Hel is, die oomblik wat hulle gees hulle liggaam verlaat.

Sommige van die ongereddes sien die boodskappers van die hel wat vir hulle wag. Die boodskappers van die hel is van kop tot tone met duisternis gevul. Hulle dra swart mantels. Hulle het bleek gesigte, swart-rooi lippe en baie donker energie onder hulle oë. Hoe angsbevange sal jy nie word, as boodskappers van die hel met sulke snaakse voorkomste jou nader! Op daardie oomblik, besef die persoon dat daar regtig 'n Hemel en 'n Hel bestaan, en sterf in angs. Maar dan is dit vir hom reeds te laat. Om berou oor sy verlede te hê, gaan hom geensins help. Hy kan nie daarvan ontvlug, om in die Hel te beland nie.

Maar hulle wie hulle geloof behou, en 'n goeie Christelike lewe lei, het nie nodig om oor iets bang te wees nie. Hulle sien twee engele met wit mantels wie vir hulle wag, net voor hulle dood, dus is hulle gesigte rooskleurig en vol vrede. Die oomblik wat hulle gees van hulle liggame geskei word, voel hulle oorweldig en onbeskryflike vreugde en blydskap.

Daar was 'n gelowige in ons gemeente vir 'n lang tyd, wie gesterf het, nadat sy 'n gelowige lewe gelei het. Sy was regtig goedhartig en so vriendelik, sodat sy nooit enige probleme of botsings met enigiemand gehad het nie. Sy het vrede met almal gehad, en sy het net woorde van goedheid, liefde en waarheid met sagtheid gespreek. Sy het God ywerig liefgehad, dus was God se werksaamhede altyd haar eerste prioriteit gewees. Sy het nie haar eie lewe gespaar, wanneer dit vir God se koninkryk was nie. Ek kon sulke helder ligte sien, wat vanaf haar begrafnisplek uitkom. Toe ek die engele se waardigheid gesien het, wie haar gees kom wegneem het, kon ek myself net voorstel watter soort hemelse woonplek sy sou ingaan.

Die Geestelike Vorm van die Geredde

Wanneer 'n geredde persoon op die aarde sterf, verlaat sy gees sy liggaam. Dan, is daar twee engele wat sy gees vergesel, en hom na die wagplek van die Hemel begelei. Voor die wederopstanding van die Here, was die Bograf die wagplek van die Hemel. Maar na Sy opstanding, het dit verander. Die siele (gees-siel) bly by 'n ander wagplek op die buitewyke van die Paradys. Daardie siele wie gedurende die Ou Testamentiese tye gered was, was ook na hierdie wagplek verskuif.

In die Nuwe Testamentiese tye, hulle wie gered was, wanneer

hulle geeste hulle liggame verlaat, het hulle eerstens na die Bograf gegaan. Daar het hulle vir drie dae gebly, om hulleself by die geestelike koninkryk aan te pas, opleiding en kennis ontvang wat vir die geestelike koninkryk nodig was. Daarna was hulle na die buitewyke van die Paradys verskuif. Die proses van die menslike ontwikkeling, sal met die Here se wederkoms op die wolke beëindig word. Daarna is die Millennium Koninkryk, en wanneer dit ook verby is, is daar die Oordeel van die Groot Wit Troon. Deur die Oordeel sal God aan elke persoon 'n hemelse woonplek en die toekennings gee, ooreenkomstig tot sy/haar dade.

Nou, hulle wie gered was, watter soort voorkoms sal hulle geestelike vorms hê? Indien ons van geestelike vorm kennis dra, sal ons makliker die begrippe wederopstanding en die Verrukking verstaan. Indien iemand tydens sy kinderjare sterf, het sy geestelike vorm ook die voorkoms van 'n kind. Sou hy in sy jeugjare sterf, sal sy geestelike vorm ook jeugdig voorkom. Indien iemand as 'n ou man sterf, sal sy geestelike vorm ook oud voorkom. Geestelike vorms het egter nie baarde, gebrekke, littekens of plooie nie. Selfs al sterf iemand weens 'n siekte, sal sy geestelike vorm steeds gesond en pragtig wees. Die geestelike vorms van ouer persone sal dieselfde voorkoms, van die fisiese liggaam hê, as tydens hulle afsterwe. Nietemin, hulle lyk nie swak nie, maar hulle het die voorkoms van 'n gesonde en energieke liggaam.

Hulle almal dra wit kledingstukke en die geestelike vorms self straal ligte uit. Die sterkte van die ligte verskil van persoon tot persoon. Hoe heiliger een geword het, hoe helderder en mooier is die lig. Ooreenkomstig tot die helderheid van die lig, sal die hemelse woonplek en glories wat aan elkeen toegeken word, ook verskil. Die vrouens se haarlengtes sal verskil, ooreenkomstig tot die mate van heiligheid wat hulle ontwikkel het. 1 Korintiërs 11:15 sê, "...maar dat dit vir 'n vrou wel eerbaar is. Lang hare is immers vir haar gegee as 'n bedekking."

Vir daardie vroumense wie die Paradys, die Eerste Koninkryk van die Hemel of die Tweede Koninkryk van die Hemel sal ingaan, se hare sal 'n skouerlengte hê. Hulle wie die Derde Koninkryk van die Hemel ingaan, se hare sal afhang tot in die middel van hulle rûe, terwyl hulle wie Nuwe Jerusalem ingaan, se hare sal tot by hulle middel afhang. Maar die mans se hare het almal dieselfde nekrug lengte. In die Hemel is die mans en vrouens se hare golwend blond.

Die geestelike vorm in die wagplek van die Hemel is egter nog nie voltooi en volmaak nie. Hulle wag steeds vir die Here se wederkoms op die wolke, wat hulle tyd vir die wederopstanding is. Hulle kan slegs die wederopgestane liggaam hê, wanneer die Here op die wolke verskyn.

Die Opgestane Liggaam

Wanneer die Here weer op die wolke kom, sal daardie siele wie in die Hemel se wagplek is, met hulle fisiese liggame wat weer uit hulle graftes opgestaan het, verenig word. Dit is waarom die Bybel sê, dat van hulle wie gesterf het, geglo word dat hulle nie dood is, maar net slaap. Hulle liggame wat dood en begrawe is, sal weer opstaan en weggevoer word in die lug, en weer met hulle onderskeie gees-siel verenig. Ons noem hierdie verenigde liggaam die 'opgestane liggaam'.

Indien die liggaam na 'n handvol stof teruggekeer het, na 'n lang periode in die graf, of indien dit veras is, hoe kan dit weer opstaan en met die gees verenig? Hoewel dit onsigbaar vir jou oë is, die elemente wat die liggaam bevat, bestaan steeds op die aarde. Met die wederkoms van die Here, sal al daardie elemente saam byeenkom, en deur God se krag weer opstaan. Die liggaam sal met die gees-siel saamtrek en die hele liggaam van gees, siel en liggaam word.

Vervolgens, sal hulle wie die Here lewendig ontvang, ook in 'n geestelike liggaam verander en in die lug weggevoer word. Dit word die 'Verrukking' genoem. Dit kan vergelyk word met 'n reusagtige magneet wat ysterstof die lug inneem.

1 Tessalonisense 4:16-17 sê, "Wanneer die bevel gegee word en die stem van die aartsengel en die trompet van God weerklink, sal die Here self uit die hemel neerdaal. Allereers sal dié wat in Christus gesterf het, uit die dood opstaan; daarna sal ons wat nog lewe, saam met hulle op die wolke weggevoer word, die lug in, die Here tegemoet. En so sal ons altyd by die Here wees."

1 Korintiërs 15:51-53 sê, "Kyk, ek maak 'n geheimenis aan julle bekend: Ons sal nie almal sterwe nie, maar ons sal almal verander word. By die laaste trompet sal dit in 'n oomblik, in 'n oogknip gebeur, want die trompet sal weerklink, en die dooies sal as onverganklikes opgewek word, en ons sal verander word. Hierdie verganklike liggaam moet met die onverganklike beklee word, en hierdie sterflike liggaam met die onsterflike."

Hierdie geredde siele sal die Here in die lug ontmoet, en saam 'n bruiloffees vir sewe jaar hou. Hier, verwys 'die lug' na 'n spesiale ruimte, wat aan die een kant van Eden in die tweede hemel voorsien is. Eden is 'n groot ruimte wat die Tuin van Eden insluit. Die Sewe-jaar Bruiloffees is 'n tyd vir die geredde siele om gemaklik te wees en hulleself te geniet. Dit is om die tyd en pogings wat bestee was, gedurende die periode van die menslike ontwikkeling op die aarde, te vier. Dit is ook 'n tyd om aan God dank te betoon, ter herinnering van hulle lewens op die aarde.

Wanneer hulle na 'n opgestane liggaam verander, sal hulle in staat wees om te sien, tot watter mate hulle heiligheid verkry het, met die ontwikkeling van hulle hart volgens God. Hulle sal dan ook vaagweg 'n idee hê, van watter soort toekennings en glorie hulle later by die Finale Oordeel kan ontvang. Hulle sal die Sewe-jaar Bruiloffees in die opgestane liggame in die lug hê, en daarna sal hulle na die aarde kom, om een duisend jaar deur te bring.

So, hoe verskil die opgestane liggaam dan van die geestelike vorm? Die opgestane liggaam en die geestelike vorm begryp die geestelike ruimte op 'n baie verskillende manier. Die geestelike vorm alleen, kan nie 'n volkome liggaam in die geestelike ruimte wees nie. Ons kan sê iemand het die basiese vorm om in die geestelike ruimte te leef, wanneer hy die opgestane liggaam het. Die geestelike vorm het die voorkoms van die persoon tydens sy dood, maar die opgestane liggaam sal wees vir almal lyk, soos die van 'n drie en dertig jarige.

Jesus het Sy aardse lewe op die ouderdom van drie en dertig afgesluit. Drie en dertig jaar is die toppunt van iemand se lewe, net soos wat die son die helderste skyn, teen twaalfuur in die middag. Hulle sal genoeg volwassenheid bereik het, en nogtans nie te oud wees, om baie energie en krag te hê. Hulle sal na die ouderdom van twintig 'n volwasse skoonheid verkry, wat vergelykbaar is met blomme wanneer dit in volle blom is.

Vir hierdie rede het God vir Sy kinders 'n geestelike liggaam met die voorkoms van drie en dertig jaar gegee. Die lengte van die mans sal ongeveer 190cm (6' 3") wees, en die van die vrouens ongeveer 170cm (5' 7"). Niemand sal te vet of te maer wees nie; almal sal die mooiste voorkoms hê.

Die opgestane liggaam is tasbaar. Dit kan fisies met die hande gevoel word, aangesien dit die gees en siel gekombineer, met die opgestane fisiese liggaam is. Jesus Christus is die een wie vir ons die opgestane liggaam gewys het. Die opgestane Here het aan Sy dissipels verskyn en gesê, "Kyk na my hande en my voete: dit is tog Ek self. Voel aan My en kyk! 'n Gees het tog nie vlees en bene soos julle sien dat Ek het nie" (Lukas 24:39). Soos Hy gesê het, die opgestane liggaam het vlees en bene.

Die opgestane liggaam is ook 'n onverganklike liggaam wat nie, deur die fisiese beperkinge van hierdie wêreld ingeperk word nie. Die opgestane Here het aan Sy dissipels verskyn deur die mure, soos opgeteken in Johannes 20:19, 26. In Johannes 20:22, sê dit dat Jesus 'oor hulle geblaas het'. Die opgestane liggaam kan asemhaal, eet en drink. Die verteerde voedsel sal ontbind en uitgeasem word. Hoe verbasend is dit, dat die verteerde voedsel uitgeasem word, saam met die asem wat 'n aangename aroma vrystel, en dan in die lug verdwyn!

In Lukas 24:41-43 staan geskrywe, "Toe hulle van blydskap en verwondering nog nie kon glo nie, sê Hy vir hulle: ' Het julle hier iets om te eet? Hulle gee Hom toe 'n stuk gebakte vis. Hy het dit gevat en voor hulle oë geëet." Die Here het voor Sy dissipels geëet, sodat hulle die geloof in die opstanding kan hê, en dat hulle omtrent die opgestane liggaam kennis kan opdoen. Dit was ook sodat hulle kennis kon neem, dat 'n geestelike liggaam ook kan eet. Maria Magdalena en die dissipels het nie aanvanklik die opgestane Jesus herken nie. Dit, was as gevolg van die lig wat, uit die opgestane liggaam gestraal het. Die opgestane liggaam het nie enige littekens nie, maar as gevolg van Thomas se twyfel, het Jesus vir hom Sy hande gewys. Jesus het toegelaat dat Thomas die littekens vir 'n oomblik sien, sodat hy vertroue kon kry.

Die Volmaakte Hemelse Liggaam

88

Dit is reeds verduidelik dat hulle wie die opgestane liggame sal hê, sal in die lug opgeneem word, vir die Sewe-jaar Bruiloffees. Nadat dit afgehandel is, in daardie selfde liggaam, sal hulle na die aarde afdaal, gedurende die Millennium Koninkryk. Wanneer dit verby is, sal hulle, hulle onderskeie hemele woonplek na die Oordeel van die Groot Wit Troon, erf. Wanneer dit gebeur, sal hulle in die volmaakte hemelse liggaam verander, wat as 'n geestelike liggaam op 'n hoër vlak, as die opgestane liggaam beskou kan word. Nou, waarom laat God ons 'n tussentydse fase deurgaan? Waarom ontvang ons eerstens die opgestane liggaam, en nie die volmaakte hemelse liggaam van die begin af nie?

Dit is hoofsaaklik omdat die koninkryk van die hemel wat in die derde hemel is, en die plek waar die Sewe-jaar Bruiloffees plaasvind, wat in die tweede hemel is baie verskille sal hê, insluitende die digtheid van gees en die tydsvloei. Vir hierdie rede gee God vir ons die liggaam wat die toepaslikste, vir elke ruimte is. Die algemeenste faktor vir die geestelike vorm, die opgestane liggaam en die volmaakte hemelse liggaam is dat hulle almal 'n verskillende helderheid van dagbreek-gelyke ligte vertoon, wat uitstraal ooreenkomstig tot die mate, waartoe iemand heiligheid bereik het. Ter byvoeging, om verskillende ligte ooreenkomstig die mate van elkeen se heiligheid uit te straal, die volmaakte hemelse liggaam vertoon altyd die toekenning en glorie wat elke persoon van God af ontvang. Dit is die grootste verskil tussen die opgestane liggaam en die volmaakte hemelse liggaam.

Wanneer die menslike ontwikkeling verby is, sal elke heiligheidsvlak gefinaliseer word, en die aantal toekennings sal daarvolgens wees. Dus, jy kan die verskille in die glorie en toekennings, op grond van elkeen se geestelike lig, onderskei. Maar natuurlik, alle dinge sal duidelik ontvou, na die Oordeel van die Groot Wit Troon. Jy sal slegs die volmaakte hemelse liggaam hê, nadat God amptelik die glorie en toekennings aan elkeen erken en bekend maak.

Lig van Glorie

Die helderheid van die dagbreek-gelyke lig van die geestelike vorm is verskillend, ooreenkomstig die heiligheidsvlak wat elke persoon op die aarde bereik. Vir hierdie rede word hierdie helderheid, die 'lig van glorie' genoem. Hoe meer heilig jy word en met God ooreenkom, hoe duideliker en helderder sal hierdie lig wees. Ons sal ook in staat wees om die rangorde in die geestelike orde te berig, deur die helderheid van die lig te sien. In besonder, hulle wie in die Tweede Koninkryk van die Hemel is, en hulle wie in die Derde Koninkryk van die Hemel is, sal baie verskillende voorkomste hê. Dit is omdat die lig van glorie, die klere wat hulle dra, die patrone en versierings op hulle klere, sowel as hulle haarstyle sal alles verskil.

Die Openbaring 19:8 sê, "God het haar dit vergun om fyn, helder blink klere aan te trek. Hierdie fyn klere is die regverdige dade van die gelowiges." Soos gesê, beide mans en vrouens dra wit, fyn, helder blink klere in die Hemel.

Die klere is so sag soos sy, en dit fladder, omdat dit so baie lig is. Daar is geen stof en die mense sweet nie, dus word die klere nooit vuil nie, selfs al word dit vir 'n lang tydperk gedra. Daar is baie soorte versierings en verskillende patrone, wat dit baie puik en mooi maak, wat dit onvergelykbaar met enige ander rok op die aarde maak. Verder, reënboogkleure en 'n ander verskeidenheid kleure van ligte, word uit die klere gestraal.

Daar is klere vir daaglikse gebruik, rokke vir gesellighede, klere vir eredienste, sportdrag en selfs om mee allerhande speletjies te speel. Hulle kan toepaslike uitrustings ooreenkomstig elke geleentheid hê. In die Hemel ontvang mense toekennings, ooreenkomstig tot hulle dade op die aarde. So, elkeen ontvang verskillende soorte en getalle kledingstukke. Sommige van hulle het net 'n paar, terwyl ander dalk 'n ontelbare aantal van verskeie kledingstukke mag hê. Natuurlik, om die glorie te erken, gaan nie net oor klere nie. Ons kan ook elkeen se glorie en toekennings erken, aan die krone op hulle koppe en ander versierings.

Die aantal, die soorte, die lig en die glans van die krone toegeken, sal verskil ooreenkomstig tot die mate waartoe ons heiligheid ontwikkel, en getrou vir God se koninkryk met geloof werk. Die digtheid, die ontwerp en die helderheid, ten opsigte van die glans van die kleure in elke hemelse woonplek is verskillend. Selfs die klere in die laagstevlak woonplek in die Hemel, sal meer puik, mooier en helderkleuriger as enige ander klere op die aarde wees. Die volmaakte hemelse liggaam self, is so mooi dat dit nie enige ekstra versierings of tierlantyntjies benodig nie, maar God gee die klere, krone en ander toebehore ooreenkomstig tot elkeen se dade.

2. Siel en Liggaam wat aan die Gees Behoort

Die geredde kinders van God sal na die Oordeel van die Groot Wit Troon, in hulle volmaakte hemelse liggaam, in die Hemel woon. Die volmaakte hemelse liggaam het die siel wat die gees gehoorsaam, sowel as 'n geestelike liggaam wat nie enige soort liggaamsafval produseer nie.

Waarom is dit belangrik om die terme gees, siel en liggaam te verstaan? Dit is, omdat ons die gees, siel en liggaam wat as gevolg van Adam se sonde verander het, moet herwin. Dit is ook die rede, waarom God die menslike wesens op die aarde ontwikkel. Wanneer ons Jesus Christus aanneem en die Heilige Gees ontvang, word ons dooie gees opgewek, en dan moet ons, ons gees herwin. Tot die mate wat ons, ons gees herwin, sal ons die siel en liggaam hê, wat tot die gees behoort. Ons kan dan mense wees, wie aan die gees behoort.

Wanneer iemand siel en liggaam het, wat aan die gees behoort, is dit die stadium waar gesê word, dat die 'siel is voorspoedig'. Dit is opgeteken in 3 Johannes 1:2 wat sê, "Liewe Gaius, ek hoop dat jy gesond is en dat dit in alle opsigte so goed gaan met jou as wat dit geestelik met jou gaan."

Wanneer dit met jou siel voorspoedig gaan, kan 'n persoon al die vleeslike gedagtes uitsny. Indien hulle wil ophou om aan iets te dink, kan dit dadelik gedoen word. 'n Persoon kan ophou om seker dinge te ruik en te hoor. Die sensasie van pyn kan gevoel word of nie, net soos wat iemand dit verlang. Aangesien gedagtes en gevoelens deur jou wil beheer kan word, is daar altyd die volheid van vreugde en dank (Romeine 8:6). So 'n persoon is gesond, en alles verloop goed vir hom. Siektes kan hom nie affekteer nie, omdat hy ook sy liggaam kan beheer. Selfs al ontwikkel hy 'n siekte, as gevolg van sy eie toedoen, kan hy dit maklik deur geloof oorkom.

Siel wat aan die Gees Behoort

Adam, die eerste mens wat God geskep het, was 'n lewende gees, en hy het 'n gees, siel en liggaam gehad, wat aan die gees behoort het. Sy gees was sy meester. Dit het sy siel en liggaam inderwaarheid beheer. Maar, vanaf die tyd dat hy gesondig het, het sy gees gesterf en sy gees, siel en liggaam het vleeslik begin word. Toe die mens 'n lewende wese was, was hy slegs met die waarheid deur God voorsien, en daarom het hy die verrigtinge van die siel wat net aan die gees behoort, gehad. Maar Satan het in beheer van die mens se siel gekom, nadat die mens se gees gesterf het. Met 'n dooie gees kon die mens nie langer, verrigtinge van die siel wat aan die gees behoort, hê nie.

Nietemin, nadat 'n persoon vir Jesus Christus aangeneem het, kan hy die verrigtinge van die siel wat aan die gees behoort herwin, tot die mate wat hy aan die gees ontstaan, deur die Heilige Gees skenk, en die Woord van God gehoorsaam. Sy foutiewe kennis, teorië en gedagtes wat nie volgens God tot verheerliking lei nie, sal na die waarheid verander. Dit is so geskrywe in 2 Korintiërs 10:5, "Daarmee vernietig ons die redenasies en elke hooghartige aanval wat teen die kennis van God gerig word. Ons neem elke gedagte gevangene om dit aan Christus gehoorsaam te maak."

Mense ontvang, natuuurlik die werke van Satan tot die mate wat hulle siel vleeslik is. Selfs al probeer hulle om verrigtinge van die siel wat tot die gees behoort te hê, kan hulle dit nie doen soos hulle wil nie. Daarom, moet hulle gedurig probeer om hulle verrigtinge van die siel te verander, na dit wat aan die waarheid behoort, deur hulle gedagtes, woorde en handelinge te kontroleer. Soos wat hulle voortdurend probeer met vurige gebede, sal hulle in staat wees om verrigtinge van die siel wat aan die gees behoort te verkry, deur God se genade en krag en die hulp van die Heilige Gees.

Die siel wat tot die gees behoort, gehoorsaam die gees, omdat die gees wat die oorspronklike meester van die mens is, sy rol as die meester uitvoer. Dan, sal hierdie persoon net gedagtes hê van goedheid, liefde en waarheid, omdat hy net verrigtinge van die siel het wat aan die gees behoort. Byvoorbeeld, selfs indien ander onbeskof teenoor hom optree, of iets kwaadwillig aan hom doen, sal 'n persoon wie se siel tot die gees behoort, se gevoelens nie seerkry nie. Hy begeer vrede en verstaan ander, sonder om enige vorm van konfrontasie met hulle te hê. Eerder as om verbitterde gevoelens te hê, het hy simpatie met ander wie kwaad in hulle het.

Natuurlik, selfs daardie mense wie se siel voorspoedig is, het steeds onwaarhede wat in hulle geheue ingeplant was. Maar, alhoewel die geheue daar is, kan Satan nie daarop inwerk, wanneer die onwaarhede eers uit die hart verwerp is. Natuurlik, hulle het net verrigtinge van die siel wat aan die gees behoort. Hulle volg die Heilige Gees se leiding, daarom sien hulle nie dinge wat hulle nie veronderstel is, om te sien nie. Hulle slaag nie enige oordeel of verwerping nie, en hulle leef ooreenkomstig die waarheid.

Indien hulle voortgaan met die verrigtinge van die siel wat aan die gees behoort, kan die verrigting van die siel wat aan die vlees behoort, self heeltemal verdwyn. Hulle begin dit haat om enigiets te sien, te hoor of te sê wat onwaarheid is. Dit beteken dat die houer van hulle harte is ten volle, met die waarheid gevul. Aangesien onwaarhede volkome uit hulle harte verwyder is, sal onwaarhede ook uit hulle gedagtes verdwyn. Op hierdie wyse, indien ons, ons harte net volledig met die waarheid vul, sal ons net 'n siel hê, wat tot die waarheid behoort.

Die Siel Weet Alles Maar Dink Net Waarheid

Wanneer ons later Hemel toe gaan, is dit nie net ons gees wat Hemel toe gaan nie. Ons siel sal ook in die geestelike vorm geakkommodeer word. Hierdie siel is die siel wat aan die gees behoort, naamlik die waarheid. Slegs die gedeelte van ons siel waarvan die onwaarheid verwyder is, en as die waarheid ontwikkel is, sal met die gees kombineer. Beteken dit dat ons niks, omtrent die onwaarheid in die Hemel sal weet nie? Nee, dit is nie. Ons sal meer in besonder omtrent onwaarheid weet, as wat ons nou weet.

1 Korintiërs 13:12 sê, "Nou kyk ons nog in 'n dowwe spieël en sien 'n raaiselagtige beeld, maar eendag sal ons alles sien soos dit werklik is. Nou ken ek net gedeeltelik, maar eendag sal ek ten volle ken soos God my ten volle ken." Die spieëls wat ongeveer 2000 jaar gelede gebruik was, was gepoleerde plate van silwer, brons of staal en dit was dof in vergelyking met die moderne spieëls gewees. Hulle kon die algemene figure van dinge sien, maar dinge was nie in die spieël baie duidelik nie. Maar vandag se spieëls is baie duidelik. In die Hemel is dit dieselfde. Ons sal van alles duidelik en presies weet, selfs die dinge waarvan ons op die aarde nie geweet het nie.

So lank as wat ons siele het wat aan die gees behoort, hoewel ons selfs aan dinge dink wat op die aarde vir ons skaamte en vernedering gebring het, sal ons nie enige gedagtes, onwaarheid of slegte gevoelens daaroor hê nie. Ons sal net gedagtes van gees en gedagtes van waarheid in sagsinnigheid, vrede en genade hê.

Verstaan Elkeen se Hart Geestelik

Ander mense se harte kan in die Hemel aangevoel en korrek waargeneem word, en ons sal in staat wees om ander te verstaan, en hulle gevoelens te begryp. Hulle het geen kwaad in hulle harte, en daar is geen misverstande, vooroordele of oordele nie. Vernaamlik in Nuwe Jerusalem, verstaan hulle elkeen se hart volkome geestelik. Elke woord wat hulle spreek, sal konsiderasie bevat, liefde en diens om daardeur ander se harte aan te raak. Hulle verstaan die hart van God die Vader en die Here sowel as ander mense se harte, dus sal hulle verstaan wat se soort gedagtes en gevoelens God gehad het, terwyl hulle op die Aarde deur die menslike ontwikkeling gegaan het; hulle sal ook verstaan watter soorte gevoelens die Here gehad het, terwyl hy die kruis opgeneem het.

Een keer deur inspirasie, het God my die hart van Moses laat voel. Ek het Moses ontmoet terwyl hy in 'n baie helder lig gestaan het, en hy was met die aroma van goedheid gevul. Toe hy my hande vasgehou het, was God se liefde aan my oorgedra. Toe hy sy mond geopen het om te praat, het hy die dapperheid en waardigheid gehad, soos toe hy in die woestyn aan die mense van Israel die Woord van God verkondig het.

Moses het my omtrent die dinge, gedurende sy kinderjare in die paleis van Egipte ingelig. Hy het my laat verstaan hoe hy omtrent God die Almagtige geleer het, deur middel van 'n Hebreeuse kinderoppasser, wie eintlik sy moeder was. Hy het my vertel van die geleentheid, waartydens die mense van Israel in die woestyn afgode aanbid het, en watter soorte gevoelens en emosies hy as leier van die uittog gehad het. Moses se trane het opgewel, met die herinnering aan daardie oomblikke.

Wanneer iemand trane stort, as gevolg van die herinnering van dinge wat op die aarde gebeur het, dan sal daardie trane spoedig in pragtige ligte verander. Hulle wie luister na wat gesê word, sal ook die goedheid en liefde vir die siele voel, wat die hart sal aanraak.

Hulle sal weereens dankbaar oor God se liefde word, wie vir hulle blyskap in die Hemel gegee het, en aan Hom glorie uit die diepte van hulle hart gee. Hulle is lief vir God met hulle hele hart, verstand en siel terwyl hulle liefde nooit verander nie. Hulle verstaan die diepliggende voorsienigheid van God, waardeur Hy ware kinders wil verkry, om Sy liefde mee te deel, al beteken dit dat Hy deur so baie pynlike dinge in die proses, van die menslike ontwikkeling moet gaan. Dit is waarom hulle vir ewig, uit die diepte van hulle hart dankbaar sal wees.

Die Liggaam Behoort aan die Gees

Net soos die lewende gees, Adam was nie volmaak nie, gees wat nie van vlees weet nie, is nie volmaak nie. Op dieselfde wyse, vlees wat nie die gees ken nie, is waardeloos. Al daardie wie nie Jesus Christus as hulle persoonlike verlosser aanneem nie, is almal mense van die vlees. Derhalwe kan hulle nie regtig, van God se koninkryk en die geestelike koninkryk weet nie. Hulle sal uiteindelik, in die ewige vuur van die Hel doodsangs ervaar. So, wat gaan hulle waarde wees? Slegs hulle wie beide die vleeslike en geestelike koninkryk ken, en die vlees verwerp om gees te word, het waarde as mense.

Tot die mate wat ons heiligheid in ons harte ontwikkel, sal ons vlees ook verander, na dit wat aan die gees behoort. Hulle wie swak en sieklik was, sal gesond word tot die mate wat hulle geestelik word, selfs alhoewel hulle nogtans nog nie volkome heilig geword het nie.

Wanneer ons geestelik word, sal ons gees die siel en liggaam omhels, sodat hulle saam as 'n eenheid voortbeweeg. Selfs alhoewel ons in hierdie fisiese ruimte lewe, beheer ons, ons siel en liggaam deur die gees, so dit is dieselfde asof ons in die geestelike ruimte lewe. Tot die mate wat ons die beeld van God herwin, wat ons as gevolg van Adam se sonde verloor het, kan ons duidelik met God kommunikeer en seëninge ontvang, terwyl dit met ons goed sal gaan.

Ook, wanneer ons mense van die gees geword het, sal ons verouderingsproses afneem, en verder wanneer ons volkome geestelik word, kan ons verjonging beleef. In Moses se geval, was sy oë nie dof en sy krag het nie afgeneem, totdat hy op die ouderdom van 120 jaar gesterf het. Alhoewel hy te oud was om 'n seun te hê, het Abraham vir Isak verwek. Verder, veertig jaar na Isak se geboorte, het Abraham vader van 'n verdere ses kinders geword (Genesis 25). In die gevalle van Elisa en Henog het hulle ale vorme van vlees verwerp, en in sulke diepgaande geestelike vlakke gegaan, dat hulle God se karaktereienskappe begin toon het. Vir hierdie rede was hulle nie meer langer onder die wet van die geestelike koninkryk wat sê, die loon van die sonde is die dood, en daarom was hulle in staat om die dood te ontwyk.

Die Liggaam Wat Nie Voedsel Nodig Het Nie

Wanneer God se kinders die hemelse koninkryk ingaan, sal hulle uiteindelik die volmaakte hemelse liggaam hê. Hulle liggame vergaan of verval nie, en hulle sal die ewige lewe geniet. Matteus 26:29 sê, "Ek sê vir julle: Van nou af sal Ek nie weer van hierdie wyn drink nie tot op die dag wanneer Ek saam met julle die nuwe wyn in die koninkryk van my Vader sal drink."

Die opgestane Here sal nie weer enigiets eet, totdat Hy saam met die geredde gelowiges sal eet, nadat die menslike ontwikkeling tot 'n einde kom. Net soos die opgestane Here, is dit nie vir ons nodig om te eet om ons lewens voort te sit, wanneer ons eenmaal 'n geestelike liggaam het nie.

Maar die aroma en die elemente wat die Hemelse voedsel bevat, het goeie gevolge op die geestelike vorm, sodat hulle die aroma kan eet of inasem. Hulle kan die aroma van die blomme en vrugte inasem, en dit is onnodig om dit net met die neus te doen, maar ook sommer deur die hele liggaam en die hart. Toe mense eens op 'n tyd in die Ou Testamentiese tye diere as offerandes geoffer het, het God die aroma van die mens se hart waargeneem, wie die offreandes gegee het. Selfs vandag nog, wanneer ons eredienste, lofsange en offerandes offer, aanvaar God ons harte se aroma.

Deur die inaseming van die aroma word groter vreugde en blydskap in die Hemel gevoel. Selfs op die aarde voel ons gelukkiger, wanneer ons 'n verskeidenheid voedsel eet. Net so, geestelike liggame neem genoeë daarmee, om aromas in te asem. In die Hemel word niemand moeg vir enigiets nie, en hulle kan dieselfde blyskap en satisfaksie ervaar, alhoewel hulle dieselfde aroma al die tyd inasem. Wanneer hulle die geure van vrugte en blomme inasem, word dit in hulle liggaam vir 'n kort periode geabsorbeer, en dan in die lug vrygelaat. Hierdeur word mense se harte met meer blydskap gevul.

Daar is Geen Liggaamlike Afvalstowwe

Die volmaakte hemelse liggaam is 'n liggaam. Dit kan ruik en voedsel eet. Dit kan verskeie vrugte eet, en verskeie soorte drankies drink, wat van die water van die lewe gemaak is. Ter aanvulling tot die twaalf vrugte van die boom van die lewe, daar is so baie ander soorte vrugte in die hemel, en ons kan soveel en baie vrugte eet, soos ons wil. Daar is ook so baie soorte drankies.

In die Hemel, sal ons ook die voedsel eet waarvan ons op die aarde gehou het? Sal daar vleis, brood en koek in die Hemel wees? Sal ons sommige van die aardse voedsel kortkom? Wanneer ons Hemel toe gaan, sal ons nie enige voedsel wat ons gewoonlik op die aarde geëet het, wil eet nie. Wanneer ons die toepaslikste liggaam vir die ruimte in die derde hemel het, kan ons vir ewig lewe, selfs sonder om te eet.

Natuurlik, jy mag dalk 'n sekere besondere soort voedsel onthou, wat jy graag op die aarde geniet het, en iets soortgelyks in die Hemel ook wou eet. Jy mag dan iets maak wat eenders is. Maar aangesien die vrugte en drinkgoed van die Hemel soveel beter smaak, wil jy nie graag enige soort fisiese voedsel van die verlede geniet nie.

Wanneer ons iets in die Hemel eet, sal dit oplos en gedurende asemhaling uitgestraal word, dus sal daar geen vorm van uitskeiding, soos op die aarde wees nie. Die voedsel wat verbruik word, sal op 'n natuurlike wyse weer deur asemhaling vrygestel word, nadat dit vir 'n wyle as geurigheid gebly het, en daarna in die lug verdwyn. Hoe gemaklik en verbasend is dit, dat ons nie soos op die aarde, dit eers moet verteer en dan moet uitskei nie! Vanselfsprekend sal daar nie 'n badkamer wees, wat moontlik 'n aanstootlike reuk het nie. In die Hemel, sal ons hierdie volmaakte liggaam hê.

Dit is dieselfde in al die woonplekke van die koninkryk van die hemel. Maar indien ons siel meer vleeslike neigings het, en minder aan die gees behoort, sal die glans van die geestelike vorm swakker wees. Ooreenkomstig tot die mate wat ons, ons siel ontwikkel om tot die gees te behoort, sal ons 'n woonplek in die Paradys, die Eerste of Tweede Koninkryk van die Hemel ontvang. Ons kan slegs die Derde Koninkryk van die Hemel of Nuwe Jerusalem ingaan, wanneer ons siel volkome aan die gees behoort, sonder dat enige deel van die siel aan die vlees behoort.

God laat ons oes wat ons gesaai het, en gee aan ons terug volgens ons handelinge, in Sy liefde en geregtigheid. Die hemelse woonplek en die hemelse rang sal oor besluit word, ooreenkomstig tot die helderheid van ons geestelike lig, en daarom, moet ons daarna strewe om deur vurige gebede 'n mens te word wie gees, siel en liggaam het, wat aan die gees behoort.

3. God se Geskenk

God het 'n geskenk vir die geredde kinders voorberei, en dit is die ewige lewe in die hemelse koninkryk. Ons sal 'n verskillende hemelse woonplek ontvang, ooreenkomstig hoe ons deur die menslike ontwikkeling op die aarde gaan, om 'n persoon te word wie na God se hart soek.

Die grootse projek van God om gelowiges in te samel, wie die 'koring' van die oes is, duur vandag nog voort. Hy soek na hulle wie in God se krag en verruklike natuur glo, wat in alle dinge in die natuur sigbaar is, en wie volgens die Woord van God lewe. Hulle is siele wat so helder en pragtig soos kristal is. Die Bybel vertel ons van die eindtyd. Hulle wie geestelik wakker is, voel dat die einde van die menslike ontwikkeling naby is.

Sedert Adam se val, het die mensdom nakomelinge voortgebring, en beskawings ontwikkel. Hulle het ook lewe, veroudering, siektes en dood ervaar. Na die menslike ontwikkeling verby is, sal God al die gelowiges uitnooi om die 'lug' binne te gaan, wat in die tweede hemel geleë is. Hy sal 'n 'verruklike' bruiloffees aanbied, en ons toelaat om ons liefde met die Here vir sewe jaar te deel.

Die Openbaring 19:7-9 beskryf dit:

Laat ons bly wees en juig en aan Hom die eer gee, want die bruilof van die Lam het aangebreek, en sy bruid het haar daarvoor gereed gemaak. God het haar vergun om fyn, helder blink klere aan te trek. Hierdie fyn klere is die regverdige dade van die gelowiges. Toe sê die engel vir my: "Skryf op: Geseënd is hulle wat na die bruilofsmaal van die Lam uitgenooi is." Verder sê hy vir my: "Dit is die woorde van God, en hulle is waar."

God se liefde eindig nie hier nie. Na afloop van die bruiloffees, net soos wat 'n pasgetroude paartjie op hulle wittebrood na die bruiloffees vertrek, sal God ons saam met die Here laat afgaan na die aarde, om saam met Hom daar vir eenduisend jaar te regeer. Hy sal die Eerste Hemel vernuwe, wat die stadium van die menslike ontwikkeling was, en laat die geredde gelowiges hulle liefde met die Here tot die volle omvang deel.

Die Openbaring 20:6 sê, "Geseënd en heilig is dié wat aan die eerste opstanding deel het. Oor hulle het die tweede dood geen mag nie, maar hulle sal priesters van God en van Christus wees en sal saam met Hom die duisend jaar lank regeer."

God sal die geskenke en toekennings wat Hy vir Sy geliefde kinders voorberei het, na die Millennium Koninkryk verby is, openbaar. Gedurende die Oordeel van die Groot Wit Troon sal Hy toekennings maak, vir dit wat hulle gedoen het terwyl hulle op die aarde was, en Hy sal hulle woonplekke in die Hemel toewys, ooreenkomstig tot elkeen se mate van geloof. Aan hulle word permanente woonplekke in die derde hemel gegee, wat 'n plek is wat vry van trane, hartseer, siektes en dood is, dus kan hulle 'n lewe wat gevul is met goedheid, liefde, vreugde en blydskap in die volmaakte hemelse liggaam lei.

Jesus belowe in Johannes 14:2-3, "In die huis van my Vader is daar baie woonplek. As dit nie so was nie, sou Ek nie vir julle gesê het Ek gaan om vir julle plek gereed te maak nie. En as Ek gegaan het en vir julle plek gereed gemaak het, kom Ek terug en sal julle na My toe neem, sodat julle ook kan wees waar Ek is."

Hoe lyk die ewige koninkryk en watter soort lewe gaan ons daar lei?

Nuwe Hemel en Nuwe Aarde

Die lugruim in die hemel is skoon en helderblou. Die rede waarom God die hemelruim blou gemaak het, is omdat dit ons diepte, hoogte en helderheid laat voel. Hy wil hê dat Sy geliefde kinders gelukkig vir ewig, met skoon en pragtige harte soos kristal moet lewe.

Daar is ook wolke in die hemelruim van die hemelse koninkryk. Die wolke is 'n vorm van versiering, om die skoonheid te verhoog. Die wolke voeg blydskap, in die harte van die hemelse inwoners. Wanneer diegene wie in Nuwe Jerusalem is, daaraan dink om die liefde van God te loof en opkyk na die hemelruim, dan lees die engele hul meesters se gedagtes en maak somtyds hartvormige wolke, of skryf dinge deur die wolke te gebruik.

In die Hemel is daar die lig van God se glorie, wat selfs nie met die sonlig vergelyk kan word nie. Dit skyn in elke hoek, vanaf Nuwe Jerusalem tot in die Paradys (Die Openbaring 22:5).

Die lig van God se glorie is so helder en skerp, dat indien dit op hulle in die Paradys sou skyn, sou hulle nie in staat gewees het om hulle koppe op te lig nie, weens die blinkheid daarvan. Vir hierdie rede het God toenemend die helderheid van die lig in ander woonplekke verminder, in vergelyking met dié van Nuwe Jerusalem. Soos wat jy verder wegbeweeg, vanaf Nuwe Jerusalem en die Derde Koninkryk van die Hemel, na die Tweede Koninkryk van die Hemel, die Eerste Koninkryk van die Hemel en die Paradys verminder die lig se helderheid.

Deur God se krag bestaan daar vier seisoene—lente, somer, herfs en winter—in die Hemel. Hulle benodig nie eintlik vier seisoene nie, maar dit word voorsien, sodat God se kinders die verskillende natuurlike voorkoms van elke seisoen kan geniet. Hulle kan die blare in die herfs en selfs die sneeu in die winter sien.

God het die dinge op die mees volmaakte en mooiste manier gemaak, sodat ons die skoonheid van die verskillende seisoene soos wat ons op die aarde gehad het, kan voel. Maar dit beteken nie dat ons 'koud' en 'warm,' soos geassosieer met weer en seisoene sal beleef nie. Daar is skeiding van verskillende seisoene maar dit sal nie gekenmerk word, deur warmte of koudheid van die seisoene nie. Die temperatuur sal die gerieflikste, te alle wees om in te lewe.

Die grond van die hemel is nie uit stof gemaak nie, maar van goud, silwer en verskillende edelstene. Staal het 'n redelike digtheid op die aarde, maar wanneer dit gepoeier is, waai die wind dit weg. Maar wanneer dit balvormig is, kan die wind dit nie wegwaai nie. Die goud, silwer en ander kosbare edelstene is in bolvormige formaat, dus is daar geen stof in die Hemel nie.

Die Gouepad en die Juweelpad

In elke woonplek in die Hemel is daar 'n gouepad. Natuurlik, die glinstering wat vanaf die gouepad voortkom, verskil van plek tot plek in die Hemel. Hoe nader jy aan Nuwe Jerusalem kom, hoe helderder word die glans van die skittering. Anders as die suiwer goud van die aarde, is die goud in die Hemel hard, maar dit voel sag wanneer jy daarop loop. Op die aarde is 'n stuk goud so groot soos 'n man se hand regtig seldsaam. Maar, wanneer jy die eindelose gouepad sien, wat soos glas skitter, kan jy jou voorstel hoe pragtig dit sal wees! Suiwer goud simboliseer die onveranderlike kwaliteit van geestelike geloof. Die skittering van die glans van die gouepad is verskillend, omdat die hemelse woonplek deur elkeen se mate van geloof, bepaal sal word.

God heg nie baie betekenis, aan die Paradys se toegekende goud nie. Nietemin, soos wat jy vanaf die Eerste Koninkryk van die Hemel, die Tweede Koninkryk van die Hemel en die Derde Koninkryk van die Hemel beweeg, raak die inwoners nader aan die volmaakte mate van geloof, dus kry die suiwer goud in elke hoër woonplek 'n dieper betekenis, wat deur die glans van die skittering ontvou sal word.

Ter aanvulling van die gouepad is daar ook ander soorte paaie, soos die blompad en die juweelpad. Daar is ook sommige paaie waar jy vervoer sal word deur God se krag, deur net daarop te staan. Die geestelike vorm is baie lig, asof dit geen gewig het nie. Dus wanneer jy op blomme loop, word dit nie beskadig nie. Die blomme juig en stel meer geur vry, wanneer God se kinders dit nader.

Die juweelpaaie het baie soorte edelstene wat wonderlike ligte uitstraal. Wanneer jy daarop trap, straal dit nog mooier ligte uit. Maar die juweelpaaie is nie orals in die hemelse koninkryk sigbaar nie. Hulle is net gebou in en om die huise van diegene wie die Here volkome verteenwoordig, en groot bydraes gelewer het, tot die vervulling van God se voorsienigheid ten opsigte van die menslike ontwikkeling.

Die Rivier met die Water van die Lewe

Die Rivier met die Water van die Lewe se oorsprong, is by die troon van God. Dit vloei regdeur die hemelse koninkryk en keer terug na sy oorsprong. Hierdie rivier is so helder en suiwer soos kristal, en dit vloei so rustig, asof dit geensins vloei nie. Dit verdamp nooit, of word nie besoedel nie. Dit is soos seegolwe wat op 'n helder dag, soos juwele in die sonskyn blink. Dit verteenwoordig die hart van God, wie die waterbron van die lewe is, wat alle dinge in die natuur laat herleef. God se hart is 'n pragtige hart wat verblindend glinsterend is, sonder enige vlek en kol. Dit is volmaak in alles.

Die feit dat die rivier met die water van die lewe regdeur die hemelse koninkryk vloei, beteken dat God oor alle siele in die hemel regeer, en hulle toelaat om 'n vreugdevolle lewe elke dag, deur Sy genade te lei. Die smaak van die water van die lewe is effens soet, en dit is iets wat ons nie op hierdie aarde kan smaak nie. Dit gee vir ons lewe, krag en blydskap, wanneer ons dit drink.

Die Openbaring 22:2 sê dit vloei in die middel van die straat. So, aan beide kante van rivier is die paaie. Die oorsprong daarvan, is vanaf God se troon en vloei deur al die hoeke van die hemelse koninkryk, so indien jy op die pad aan enige kant van die rivier loop, sal jy uiteindelik God se troon bereik. Hierdie geestelike feit gee te kenne, dat indien ons volgens God se Woord lewe, wat deur die water van die lewe verteenwoordig word, sal ons nie alleenlik die hemelse koninkryk bereik nie, maar ons sal ook die mooiste woonplek in die Hemel, naamlik Nuwe Jerusalem bereik.

Tussen die rivier met die water van die lewe, en die paaie aan beide kante, is die rivierbanke wat goue en silweragtige sand het. Hoewel hard, die balvormige sand in die Hemel voel sag. Mense kan nie daardeur beseer word, indien hulle daarop rol of hardloop nie, en hulle sal ook nie krapmerke opdoen nie. Die sand word nie weggewaai nie, en dit kleef nie soos stof aan die hemelse kledingstukke nie.

Jy kan ook in die rivier swem. Selfs al kon jy nie op die aarde swem nie, sal jy vrylik in die Hemel kan swem. Om te gaan swem op die aarde, moes ons gewoonlik gaan swemklere aantrek. Maar die Hemelse water deurdrenk nie die Hemelse klere nie. Dit rol net af, vanaf die kledingstukke se materiaal. So jy kan vrylik swem, terwyl jy jou gewone klere dra.

Daar is pragtige banke wat op die goue paaie gebou is, wat uitstrek na beide kante van die rivier. Rondom hulle is twaalf verskillende soorte vrugte van die boom van die lewe. Die Openbaring 22:2 sê, "Tussen die hoofstraat van die stad aan die een kant en die rivier aan die ander kant staan die boom van die lewe. Hy dra twaalf keer per jaar vrugte: elke maand lewer hy sy vrugte..." Dit beteken nie 'n vrug sal afval, en dan word dit met 'n ander vrug elke maand vervang nie. Dit beteken die twaalf soorte vrugte is altyd daar.

Die vrug van die lewe is so groot soos 'n waatlemoen, maar het die vorm soortgelyk van 'n appel. Dit is rooierig, en die kleur is pragtig. Die twaalf vrugte is effens verskillend ten opsigte van hulle begeerlikheid, grootte, vorm en smaak. Indien iemand een van die vrugte sou pluk, sal 'n nuwe vrug dadelik groei, om dit te vervang. Dit geuriger as enige vrug van die aarde en die smaak is onbeskryflik. Dit smelt in jou mond soos suikerklontjies.

In 'n visioen het God een maal vir my 'n toneel van die rivier met die water van die lewe gewys. Die kinders van God het op banke gesit, wat met goud en kosbare edelstene versier was. Hulle het aangename gesprekke met mekaar gevoer. Sodra hulle daaraan gedink het om van die vrugte van die lewe te eet, gedurende hulle gesprekke, dan het die dienende engele hulle gedagtes gelees, en vrugte in 'n goue mandjie gebring. Jy kan na die rivier kyk, terwyl jy met jou geliefdes om jou op die banke sit, of jy kan 'n aangename tweegesprek met hulle voer, deur net te stap. Hoe gelukkig sal so 'n lewe wees!

Diere en Plante van die Hemel

In die Hemel, is die aantal soorte diere, voëls en visse net eenvoudig ontelbaar. Daar is sommige soorte wat nie op die aarde is nie, terwyl daar ander op die aarde aanwesig is, maar nie in die Hemel gevind word nie. Daardie diere wat in Levitikus 11 as afskuwelik gereken word, word nie in die Hemel gevind nie.

Die diere in die Hemel is 'n rapsie groter as hulle op die aarde. Hulle vertoon 'n bietjie statiger, nogtans is hulle sag van geaardheid en gehoorsaam. Die soogdiere se pelse en die voëls se vere straal helder ligte uit, asook 'n sagte geur. Selfs die leeus is nie wreed nie, maar rustig. Die skoon pelse en goue maanhare is verbasend om te aanskou.

Die diere in die Hemel verwelkom God se kinders en juig wanneer hulle opgemerk word. Vernaamlik in Nuwe Jerusalem, daar sal sommige mense wees, wie diere as persoonlike troeteldiere ontvang, of selfs 'n dieretuin as hulle toekennigs. Die diere doen oulike toertjies, om hulle meesters te vermaak. Dit is nie omdat hulle die meesters se gedagtes kan verstaan, omdat hulle 'n siel het nie. Dit is net soos wat die engele God se bevele gehoorsaam, sal die diere in die Hemel, wat geestelike wesens is, amper outomaties op 'n sekere wyse optree, sodat hulle meesters hulle kan liefhê.

In die Hemel, is daar baie soorte plante insluitend die boom van die lewe, ander vrugtebome en blomme. Die plante op die aarde verkry voedingstowwe deur die wortels, en deur die proses van fotosintese om 'n energiebron te produseer. Maar plante in die Hemel lewe vir ewig, sonder hierdie prosesse, maar met die krag van die lewe soos deur God gegee. Die wortels van die plante absorber nie voedingstowwe nie. Hulle ontvou net die karaktereienskappe van elke plant. Natuurlik, die blomme se vorm, hulle geure en vrugte kan die onderskeiding toon, maar die wortels is ook betekenisvol om sulke verskille te wys.

Plante in die Hemel stel hulle ongeëwenaarde sterk, maar nogtans, sagte geur vry. Hulle mag hulle takke skud of buig, om 'n sekere mening uit te druk. Hulle kan beweeg, asof hulle engele is wat dans om lofsange uit te voer. Hulle mag ook God loof, deur hulle geur soveel as moontlik vry te stel.

Die blare, blomme of vrugte val nooit af, met die verloop van tyd nie. Hulle aroma en kleure verander nooit. Indien jy 'n blom afpluk, sal 'n nuwe blom dit dadelik vervang. So is dit ook in die geval met vrugte. Die blomme wat gepluk word, verwelk nooit en hulle varsheid word behou. Indien jy die blom wil bewaar, sal dit hou vir solank as wat jy dit wil hê. Indien jy dit wil weggooi, sal dit net ontbind en dan in die lug verdwyn. Sommige blomme gee kragtiger geure uit, wanneer dit versterk is. Sou jy dit verkies, kan jy dit in 'n bottel hou, vir solank as jy wil.

Elke plant het sy eie ongeëwenaarde geur. Hulle het 'n vars, soet, sagte of edele geur. Die geur in elke hemelse woonplek het verskillende betekenisse. Byvoorbeeld, die rose in die Paradys is net een van baie blomme daar. Maar in die huis van 'n individu in Nuwe Jerusalem, sal die eienaar se hart die geur van die rose in die huis bevat. Wanneer 'n gas besoek aflê, sal die rose 'n besondere aroma aan die gas vrystel, om sodoende die eienaar se hart uit te druk. Die rose in verskillende huise in Nuwe Jerusalem sal verskillende soorte geure vrystel.

Ook, sommige van die plante wat in Nuwe Jerusalem is, is nie in ander woonplekke aanwesig nie. Die aantal soorte blomme neem af, namate jy van Nuwe Jerusalem na die Paradys afwaarts beweeg. Ook, die vryheid om die blomme persoonlik te gebruik, is toenemend beperk. Die gemak om op die grasperk te sit, en by elke woonplek verskil die kleur van die grasperk ook.

Alles in die Hemel, insluitende diere en plante is deur God vir Sy geredde kinders voorberei. Aan daardie ware kinders van God, wie slegs volgens God se wil op die aarde gelewe het, sal alles in die Hemel gegee word wat hulle wil hê.

Kulturele Lewe in die Hemel

God het 'n verskeidenheid ontspangeriewe in elke hemelse woonplek gemaak, om aan Sy kinders groter vreugde en blydskap te gee. Hulle is onvergelykbaar groter as die grootste pretpark in die wêreld. Hulle het so baie opwindende dinge om te doen.

Aangesien om in die volmaakte hemelse liggaam in die Hemel is, het ons geen rede om te vrees nie. Jy sal nie bang wees vir enige van die ritte, soos byvoorbeeld die tuimeltrein nie. Jy sal net daardeur aangegryp word. Behalwe die pretparke is daar so baie ander dinge vir vermaaklikheid, ontspanning en genot. Ons kan ook stokperdjies beoefen, om ons talente ten opsigte van sekere vaardighede in die Hemel te verbeter, net soos wat ons op die aarde doen.

Ons kan die dinge geniet, wat ons gewoond was om op

die aarde te geniet. Verder, indien daar dinge op die aarde was waarvan ons onsself weerhou het om te doen, om meer van God se werk ten uitvoer te bring, sal ons dit soveel as wat ons wil geniet. Ons sal ook nuwe dinge aanleer. Byvoorbeeld, ons kan leer om musiekinstrumente soos viool, fluit of harp te bespeel. In die Hemel is almal wys en uitmuntend, dus kan ons vinnig leer om dit te bespeel.

Die sport in die Hemel sluit enige spel uit, wat beserings of skade aan ander kan veroorsaak. Daar sal ook sekere reëls vir elke speletjie wees. Ons kan spansporte soos vlugbal, korfbal, sokker en bofbal beoefen. Daar sal ook meer individuele sportsoorte soos tennis, ski, gholf, rolbal en swem wees. Ons kan ook sulke sportsoorte soos hangvlieëry, windsweef of seilbootvaarte geniet. Die sportfasaliteite en toerusting in die hemel is ongeluksvry, en is met goud en juwele versier om tot ons vreugde by te dra.

Die Hemel is nie die plek waar jy plesier daaruit put, om 'n kompetisie te wen nie. Jy kan genoeg plesier en tevredenheid daaruit kry, deur net die feit dat jy aan die sport kan deelneem. Jy mag dalk vra, wat is die betekenis van wedstryde wat nie wenners het nie? Aangesien daar geen kwaad in die Hemel is nie, verskaf dit groter plesier en voordeel aan ander, as om self die wedstryd te wen.

Natuurlik, daar is ook speletjies waar jy groot plesier kan kry, deur kompetisie in goeie geloof. Byvoorbeeld, mense asem die geur van blomme in, en kan dit weer voor ander mense uitasem. Die tellings sal toegeken word, ooreenkomstig die omvang waartoe jy God verheerlik deur geure uit te asem, of ooreenkomstig tot hoe goed jy baie soorte aromas kan vermeng. Dit is 'n kompetisie omtrent hoeveel plesier jy aan ander mense kan verskaf, en dit is ook volgens God welgevallig. Daar is ook so baie ander vermaaklikheid in die Hemel, wat meer prettig as enigiets op die aarde is. Dit veroorsaak nie moegheid, soos arkade of videospeletjies, en jy raak nooit met enigiets verveeld nie.

Jy kan ook in die Hemel na rolprente kyk. In die teaters kan jy 'n aantal gedenkwaardige gebeurtenisse sien, wat gedurende die verloop van die menslike ontwikkeling plaasgevind het. Die Skepping, Noag se vloed, die Uittog uit Egipte, Jesus se evangeliebediening, die voorsienigheid van die kruis, die vurige werke van die Heilige Gees by die eindtyd, en die verhale van elkeen van die vaders van die geloof, wat alles in rolprente vasgelê sal word.

Byvoorbeeld, jy kan 'n rolprent omtrent die apostel Paulus se hele lewe sien. Jy kan sien hoe hy die Here ontmoet, en hoe hy sy hele lewe met liefde aan die Here toewy. Jy kan die fynere besonderhede leer, wat nie in die Bybel opgeteken is nie. Jy sal Petrus se lewe sien, asof jy saam met hom persoonlik sulke gebeurtenisse beleef het, terwyl hy verskeie kere vervolg was—bokant die mates van die menslike uithouvermoë. Jy kan sy gevangesetting in Filippi ervaar, en die danksegging en verheerliking aan God, selfs terwyl hy op die see is, nadat hy skipbreuk gely het. Hoe emosioneel, vasgeklamp sal dit wees!

Vervoer in die Hemel

Ons kan verborge en pragtige plekke in die hemelse koninkryk besoek. Daar sal ongeëwenaarde, asemrowende tonele wees, waarheen ons ookal gaan. Deur in die volmaakte hemelse liggaam te wees, is daar selfs na 'n lang reisperiode geen uitputting. Die hart van gees is onveranderlik, so al besoek ons dieselfde plek raak ons nooit verveeld.

Daar sal verskillende betekenisse van vervoer wees, om te reis. Daar is publiekevervoer soos die hemelse trein. Daar is privaatvervoer soos die wolkmotors of die gouewa. Die hemelse trein is met skitterende juwele in verskillende kleure versier, en dit voorsien die passasiers met die grootste gemak. Dit sal ook regtig genotvol wees, om die tonele buitekant die vensters ook te sien. Wanneer gelowiges in die Paradys uitgenooi word om Nuwe Jerusalem te besoek, sal hulle met die hemelse trein gaan. Die trein kan eintlik, teen 'n baie hoë spoed in die lug vlieg.

Hoewel dit 'n wolkmotor genoem word is dit nie van wasem, maar van die wolk van glorie gemaak. Dit dra by tot die skoonheid van die hemelse lewe. Wanneer jy die wolkmotor ry, gee dit die gevoel van waardigheid en mag. Wanneer die Here weer kom, sal Hy op die wolke kom (1 Tessalonisense 4:16-17; Die Openbaring 1:7). Dit is omdat, dit meer waardig, vernaam en mooi sal lyk om op die wolke van glorie te kom.

God gee die wolkmotors aan hulle wie na die Derde Koninkryk van die Hemel en hoër gaan. In die Derde Koninkryk van die Hemel is die wolkmotors vir publieke gebruik, maar in Nuwe Jerusalem word dit vir privaat gebruik gegee. Dus, om jouself 'n wolkmotor te besit, dui op die eienaar se glorie.

Hulle wie in Nuwe Jerusalem is, kan ook saam met die Here in die wolkmotors 'n reis onderneem. Die wolkmotors word gewoonlik deur engele bestuur. Sommiges van dit is, soos klein passasiersmotors terwyl ander groter is, met baie sitplekke vir meer passasiers. Die ontwerpe, kleure en versierings verskil ook. Daar is ook 'n wolkmotor wat van 'n klein stukkie wolk gemaak is. Dit word vir kort afstande gebruik. Dit neem 'n persoon en laai hom saggies by die bestemming af, soos byvoorbeeld 'n gholfkarretjie terwyl iemand gholf speel!

Aanbiddingsdienste en Opleiding in die Hemel

Ons sal ook aanbiddingsdienste in die hemel bywoon. God, Homself sal die boodskappe lewer. Ons sal leer omtrent die geestelike koninkryk, insluitende die oorsprong van God, die Ontstaan van Tyd en die ewigheid. Ons sal ook tyd hê, om na God te luister. Ons sal ook met God, die Here en die Heilige Gees praat, dit is die gebed in die Hemel. Met nuwe sangstukke sal ons God verheerlik.

In die Hemel, indien jy 'n plek moet besoek wat 'n hoër vlak as jou woonplek het, moet jy jou klere ooreenkomstig die plek en die geleentheid wysig. Die aanbiddingsdiens wat in Nuwe Jerusalem gehou word, word na orals uitgesaai, dus kan enigiemand die diens op enige plek in die Hemel bywoon. Geen ingewikkelde toerusting is vir dit nodig nie. Die engele sal iets soos 'n kolossale stuk laken ontvou, wat as 'n videoskerm sal dien. Die ligte en kleure sal outomaties vir elke woonplek aangepas word, sodat hulle die duidelike video kan sien wat hulle laat voel, asof hulle in die werklike plek teenwoordig is.

Die rede waarom die ligte in elke woonplek aangepas moet word is dat, indien die ligte van God net so direk herlei word, sal hulle wie in die Derde Koninkryk van die Hemel of laer is, Hom nie direk kan sien nie, omdat die ligte heeltemal te sterk is. Hulle wie in die Tweede Hemel en laer is, sal nie eers in staat wees om hulle koppe op te lig, om na God die Vader op die skerm te kyk nie, omdat hulle gewetes hulle nie sal toelaat om dit te doen nie.

Dit is in besonder so vir hulle wie in die Paradys is, wie

'saligheid met skande' ontvang het. Hulle kan nie eers na die videoskerm kyk nie, as gevolg van die verleentheid en 'n bietjie skandelike gevoelens. Ter byvoeging tot die aanbiddingsdienste waar God die spreker is, kan jy die Here, die Heilige Gees of die vaders van geloof, soos Moses en Paulus uitnooi om by aanbiddingdienste 'n spreukbeurt waar te neem.

Ons sal voortdurend nuwe dinge leer, selfs nadat ons in die Hemel gekom het. Die koninkryk van die hemel is eindloos, en daarom ongeag hoeveel ons studeer, ons kan niks leer omtrent God die Skepper, wie voor die ewigheid en regdeur alle ewigheid bestaan. Dit is moeilik om ten volle die eindlose diepte van God, wie oor alles in die heelal regeer, te verstaan. Ons sal voel dat die Hemel gevul is, met dinge wat ons waarlik moet leer. Maar die onderrig in die Hemel, anders as op die aarde, sal slegs vreugdevol wees. Ons sal alles verstaan, soos wat ons dit leer. Ons sal nie vergeet wat ons reeds verstaan het, dus is daar niks moeilik omtrent opleiding. Verder, ons luister nie net na lesings nie. Daar sal drie-dimensionele programme wees, wat help met jou begrip.

Stel jou voor, die oorspronklike stem van God wat sê, "Laat daar lig wees" wat regdeur die heelal weerklink, die lig was gevorm, en die ligte was ook geskei, en al hierdie tonele ontstaan reg voor jou oë! Ook, stel jou voor jy kan die uitspansel sien, gevorm uit water en die water verdeel, van die water. Hoe groot en pragtig sal dit wees!

Verskeie Feesmale in die Hemel

Verskeie feesmale in die Hemel kan as die hoogtepunt van die vreugde, in die hemelse lewe beskou word. Hulle laat ons die oorvloed, vryheid, skoonheid en glorie van die Hemel in 'n oogopslag voel. Tydens die feesmale kan mense spesiale dansuitvoerings saam met hulle geliefdes bywoon, in die mooiste uitrustings en versierings wat hulle het. Selfs al kon jy nie op die aarde goed gedans het nie, kan jy vinnig leer en goed in die Hemel dans.

Selfs op die aarde, indien iemand vol van die Heilige Gees se inspirasie is, kan hy/sy in 'n staat gaan waar nuwe tale en sangstukke voortkom. Dan sal die hande en arms outomaties ritmies beweeg om te dans, en God daardeur te verheerlik. In die Hemel, met die volmaakte hemelse liggaam, kan enigiemand op die maat van enige musiek, mooi dans. Een kan selfs as 'n solosanger optree, om aan God glorie te bring.

Daar is baie feessoorte in die hemel, en die grootte en vlakke in elke woonplek verskil. In Nuwe Jerusalem is daar feesmale wat gehou word in die naam van God Drie-eenheid, of feesmale gehou in die naam van God die Vader, God die Seun en God die Heilige Gees onderskeidelik. By tye word al die mense in alle hemelse woonplekke uitgenooi, om deel te neem aan 'n feesmaal wat in die naam van God Drie-eenheid aangebied word.

Byvoorbeeld, na die Oordeel van die Groot Wit Troon kry ons, ons onderskeie woonplekke in die Hemel, en dan sal die eerste feesmaal in Nuwe Jerusalem plaasvind. God sal al die inwoners van die hemelse koninkryk na hierdie feesmaal uitnooi. Almal wie dan in Nuwe Jerusalem en die Derde Koninkryk van die Hemel is, kan dit bywoon, maar vanaf die Tweede Koninkryk van die Hemel, tot die Eerste Koninkryk van die Hemel en die Paradys sal net verteenwoordigers kan stuur, om die feesmaal by te woon.

Wanneer mense van ander woonplekke na Nuwe Jerusalem

kom om 'n feesmaal by te woon, moet hulle, hulle klere en versierings verander, om by Nuwe Jerusalem se drag aan te pas. Dit is omdat die lig van die hemelse liggaam in elke woonplek verskil. Wanneer hulle die klere wat in Nuwe Jerusalem geskik is aangetrek het, kan hulle hulleself aanpas vir die feesmaal wat daar plaasvind.

Daar is aangewysde areas waar mense hulle uitrustings kan aantrek. Daar is so baie soorte klere wat vir hulle voorberei is. Die engele help hulle om die versierings te ruil, soos wat dit uitgesoek is. Maar hulle wie van die Paradys afkomstig is, moet hulle self verklee, sonder die engele se hulp. Wanneer hulle die glansryke klere van Nuwe Jerusalem dra, sal hulle aangeraak voel deur die onuitspreeklike glorie, en hulle sal onwaardig voel, omdat dit versierings is wat hulle nie die voorreg verdien, om te dra nie.

Anders as die klere, word daar nie vir hulle krone in Nuwe Jerusalem voorberei en voorsien nie. Elkeen moet sy eie kroon bring. Die krone in die Derde Koninkryk van die Hemel verskil baie van dié in Nuwe Jerusalem, en daar is 'n klein ronde merk op die regterhoek van die kroon. Hulle wie afkomstig is van die Tweede Koninkryk van die Hemel, die Eerste Koninkryk van die Hemel en die Paradys moet 'n ronde simbool op hulle linkerbors aanbring, sodat hulle duidelik onderskei kan word, van hulle wie in Nuwe Jerusalem of die Derde Koninkryk van die Hemel is. Hulle vanaf die Tweede en Eerste Koninkryke van die Hemel dra hulle krone om die feesmaal by te woon, maar hulle van die Paradys het nie krone nie, so hulle dra dit nie.

Feesmale van Verskillende Woonplekke

Die engele neem gewoonlik die sorg van die versierings,

plekaanwysing, voedseldienste en alle ander aspekte vir die voorbereiding van die hemelse feeste. Net soos wat daar op vliegtuie verskillende dienste aangegied word, ooreenkomstig tot watter klas jy vlieg, is die vlak van diens en voorbereidings van die feesmale in elke hemelse woonplek verskillend.

Indien ons sê dat die feesmale in Nuwe Jerusalem is feeste, wat deur die koninklike of edele familie aangebied word, dan kan die feesmale in die Paradys vergelyk word, met 'n partytjie wat die arm landbouers met hulle bure hou. Maar dit is net 'n sinnebeeld, en dit beteken nie dat die feesmale in die Paradys ietwat afgeskeep en armsalig voorberei word nie. Dit beteken maar net dat daar 'n baie groot verskil is, tussen die feesmale in Nuwe Jerusalem en daardie in die Paradys.

Die feesmale in die Paradys word nie deur 'n individu gehou nie. Dit is vir die algemene publiek of vir sekere groepe. Daar is geen dienende engele nie, so die mense moet alles self voorberei. Maar selfs in die Paradys is daar geen kwaad nie, maar slegs goedheid en liefde, dus elkeen sal vir hulle met vreugde en blydskap voorberei. Elkeen dien mekaar met oorweging, sodat hulle dit saam baie kan geniet. Inderwaarheid, dit is 'n soort blydskap wat jy nie by die weelderigste partytjie in die wêreld sal beleef nie. So, hoe groot gaan die blydskap en saligheid nie by die feesmale in Nuwe Jerusalem nie wees!

Uitvoerings

Sing en dansuitvoerings is lewensnoodsaaklike dele van feesmale in die Hemel, asook op die aarde. Pragtige engele dans sierlik of bespeel musiekinstrumente terwyl hulle sangstukke uitvoer. Daar is ook optreders wie verheerlik of saam met die engele die musiekinstrumente bespeel. Die verheerliking, danse en die instrumentuitvoerings van die engele is, vlekloos pragtig en bedrewe. Maar God aanvaar iets aangenamer, as die engele se uitvoerings. Hulle bied verheerliking, danse en instrumentuitvoerings van God se kinders aan, omdat hulle God se hart verstaan, asook hulle liefde vir Hom.

Daar is ook spesiale soorte uitvoeringsale in Nuwe Jerusalem. Daar is ook vername en wonderlike sale wat baie groter en mooier as Carnegie Hall of Madison Square Garden in New York Stad, of die Opera Huis in Sydney is, wat voortdurend uitvoerings huisves. Dit is nie vir die optreders om met hulle vaardighede te spog nie. Dit is slegs om aan God glorie te bring, en om vreugde en blydskap aan die Here en ander mense te lewer.

Die optreders is meerendeels hulle wie optreders op die aarde was, en somtyds kom hulle weer te voorskyn, met wat hulle op die aarde uitgevoer het. Daar is ook mense wie op die aarde aan uitvoerings wou deelneem, maar nie kon nie, en hulle leer nuwe lofsange in die Hemel en bied dit aan.

Ooreenkomstig tot die mate wat die optreders heilig geword het, mag hulle uitsluitlik in Nuwe Jerusalem, die Derde Koninkryk van die Hemel, die Tweede Koninkryk van die Hemel of die Eerste Koninkryk van die Hemel optree. Die sangers, dansers en spelers van musiekinstrumente in Nuwe Jerusalem is die eersteklas optreders, wie deur almal in die Hemel geliefd word. Elkeen in die Hemel kan hulle optredes sien, omdat die feesmale of die optredes wat in Nuwe Jerusalem plaasvind, in die naam van God Drie-eenheid, word lewendig na al die hemelse woonplekke uitgesaai.

Die videoskerm sal in die lug ontvou, op die gemaklikste

hoogte om met hulle oë te kan sien, so deur die duidelike video te sien, sal hulle voel asof hulle in die werklike plek is. Op hierdie wyse kan die mense in die ander hemelse woonplekke deur die feesmale of die uitvoerings wat in Nuwe Jerusalem plaasvind, aangeraak word. Net soos wat beroemde persone deur baie aanhangers op die aarde gevolg word, is daar engele in beheer van lofprysinge wat hulle volg. Hulle noem hulle 'Meester' en probeer om hulle gelukkig te hou, en blydskap en vreugde aan hulle meesters te verskaf.

Bemind en vereer deur ontelbare engele

Daar is 'n vrou in Nuwe Jerusalem wie soveel eer geniet, en deur ontelbare engele gevolg word. Sy is die een wie 'n volmaakte hart van gees op die aarde ontwikkel het. Sy is Maria Magdalena. Sy dra 'n glansryke rok wat die vloer raak. Haar hare hang op haar middel. Sy is verblindend mooi met haar kroon op haar kop.

Maria Magdalena het op die aarde volmaakte goedheid ontwikkel, en haar geestelike vorm straal so 'n helder lig van glorie uit. Haar stem is gevul met nederigheid, en is so sag soos die geluid van 'n klein vloeiende stroompie. Wanneer sy praat, word die aroma van haar nederigheid en goedheid vrygestel, en al die engele en mense word deur haar woorde aangeraak. So, somtyds omring die engele vir Maria Magdalena, en loof haar aroma van goedheid.

Sy is in so 'n bevoorregte posisie, om in staat te wees om God al die tyd te sien, dus kan jy die hart, waardigheid en die lig van God se glorie voel, deur haar net te sien. Nou, hoe kon Maria Magdalena so 'n eerbare posisie bekom?

Maria Magdalena was van baie siektes genees, en verlos van

die duisternis se krag, deurdat sy die Here ontmoet het. Sy was vir ewig dankbaar oor die Here se genade, en Hom gedien, sonder om haar gesindheid te verander. Toe Jesus gekruisig was, het so baie mense wie Hom gewoonlik gevolg het, weggedraai. Maar sy het so 'n onveranderlike hart gehad, dat sy tot by Sy dood, met Hom was. Sy het selfs Sy graf besoek. Uiteindelik, het dit gebeur dat sy naby God se troon in Nuwe Jerusalem kom woon het.

God wil Sy ewige liefde deel, en lofprysinge van sy ware kinders ontvang, wie so 'n pragtige hart van goedheid, soos Maria Magdalena ontwikkel het.

Jesaja 43:21 sê, "Dit is die volk wat Ek vir My geskep het, en wat my lof sal verkondig." Wat God wil hê, is nie net mooi stemme, wonderlike dansbeskrywings, of verbasende musiekinstrumente se geluide nie. Hy het 'n behoefte aan die lofprysinge, wat afkomstig is van betroubare en goeie harte. God sing ook somtyds. Met 'n mooi melodie en ritme sing Hy omtrent die wonderlike dinge, wat Sy verwekte Seun Jesus gedoen het, of uitsonderlike werke wat deur die Heilige Gees ten uitvoer gebring is.

Niemand kan Sy sangstem naboots nie. Dit is so pragtig dat enigiemand totaal by een keer se hoor daarvan, betower sal word. Dit is ook so 'n harde stem dat dit die hele wêreld kan skud, maar nie almal in die Hemel sal in staat wees, om dit te hoor nie. Dit kan slegs deur hulle, wie naby die troon van God in Nuwe Jerusalem is, gehoor word. Daarom, dit is die begeerte dat ons die vlak van volkome gees bereik, God in die ewige koninkryk van die hemel verheerlik, en 'n roemryke posisie bereik, waar ons selfs God se sang kan hoor.

Gees, Siel en Liggaam II

Deel 3

Oorskryding van Menslike Beperkinge

Ervaar die Ruimte van God

Sien God Wie Lig Is

"Dit verseker Ek julle: Wie in My glo, sal ook die dinge doen wat Ek doen; en hy sal nog groter dinge as dit doen, omdat Ek na die Vader toe gaan."
Johannes 14:12

God se Ruimte

Anders as die fisiese ruimte, is die ruimte van God onbeperk. Wanneer ons kinders van God geword het, kan menslike beperkinge, met God se onbeperkte krag oorskry word. In God se ruimte kan dinge uit niks geskep word, die dooies kan weer opgewek word, en enigiets waaraan God in Sy hart werk, kan gebeur. Niks is onmoontlik in daardie ruimte nie.

Om God se Ruimte te Besit

Skeppingswerke Vind in God se Ruimte Plaas

Die Werke wat Tyd en Ruimte Oorskry

Ervaar Beweging deur die Ruimtes

Liefde wat Geregtigheid Oorskry

Ruimte is 'n uitbreiding of uitgestrektheid van 'n oppervlakte of 'n drie-dimensionele area. Dit kan ook na die oneindige uitbreiding van die drie-dimensionele gebied verwys, waarin alles wat saakmaak bestaan. Vandag, is daar ook 'n kuberruimte wat deur rekenaars geskep is. Dit is vir almal beskikbaar, maar mense kan dit op verskillende maniere benut, afhangende van hulle kennis en bekwaamheid om rekenaars te gebruik. Op dieselfde wyse kan ons God se ruimte gebruik, en wonderlike dinge ervaar, wat in die Bybel opgeteken is, tot die mate wat ons God se ruimte verstaan en gebruik.

Geestelike ruimte is nie iewers aan die einde van die heelal nie. Dit is baie naby aan ons fisiese ruimte. Net soos wat ons buite kan sien, wanneer ons die vensters van ons wonings oopmaak, kan ons ook die geestelike ruimte sien, wanneer die geestelike koninkryk se hek open.

In die Bybel, kan ons lees aangaande die opgestane Here, wie ten aanskoue van baie dissipels, opgevaar het Hemel toe. Handelinge 1:9 sê, "Nadat Hy dit gesê het, is Hy opgeneem terwyl hulle dit sien, en 'n wolk het Hom weggeneem, sodat hulle Hom nie langer kon sien nie." Jesus het die Hemel ingegaan, deur die geestelike ruimte wat geopen was, op ongeveer die hoogte waar wolkvorming plaasvind. Indien ons die geestelike ruimte duidelik verstaan, kan ons die antwoorde op baie moeilike gedeeltes in die Bybel kry. Ons kan ook volmaakte geloof, en hoop vir die Hemel verkry.

Dit blyk dat alle mense geen ander keuse het, as om ooreenkomstig hulle beperkinge van tyd en ruimte te lewe. Maar ons kan sulke beperkinge oorkom, indien ons ware kinders van God word. Selfs die bose geeste sal nie in staat wees, om ons aan te raak nie. Ons sal uiteindelik die koninkryk van die hemel wat in die derde hemel geleë is, ingaan, waar selfs die lewende gees Adam nie kon woon nie. Verder, sal ons die onbeperkte krag van God, soos in die vierde hemel, kan ervaar. "En omdat ons sy kinders is, het God die Gees van sy Seun in ons harte gestuur, en in ons roep Hy uit: 'Abba!' Dit beteken: 'Vader!' Jy is dus nie meer 'n slaaf nie; jy is nou 'n kind van God. En omdat jy sy kind is, het God jou ook sy erfgenaam gemaak" (Galasiërs 4:6-7).

Ruimte en Grootte volgens God se Siening

Soos in Deel 1 vermeld 'Groot Ruimte van die Geestelike Koninkryk', nadat God die menslike ontwikkeling beplan het, het Hy die oorspronklike ruimte in baie ruimtes van verskillende grootte verdeel. In die algemeen, het Hy die ruimte in vier hemele van die eerste hemel tot die vierde hemel verdeel. Die eerste hemel is 'n klein gedeelte in vergelyking met die een oorspronklike ruimte. Toe God verskillende ruimte van verskillende grootte geskep het, het Hy 'n beginsel tussen hulle vasgestel, wat voorskryf dat die groter ruimte oor die kleiner ruimtes kan oorwin en regeer, en kleiner ruimtes moet hulle aan groter ruimtes onderwerp.

Die eerste hemel, wat die fisiese heelal is en die Aarde insluit, die son, maan en die sterre wat ons kan sien, is die eerste grootte ruimte. Dit is 'n fisiese wêreld, dus verander dinge, vergaan of gaan dood. Die tweede grootte is die ruimte in die tweede hemel. Die tweede hemel is algemeen in die areas van lig en duisternis verdeel. In the ligarea is Eden, waarin die Tuin van Eden geleë is. Aangrensend tot Eden is die area van duisternis, waar die bose geeste die mag van die lug het.

Die derde grootte ruimte is die hemelse koninkryk, die derde hemel. Dit is die plek waar die geredde kinders van God vir ewig sal woon. In die middel van Nuwe Jerusalem, wat die troon van God huisves, is daar verskillende woonplekke wat onderskeid maak, ooreenkomstig elkeen se mate van geloof. Die vierde grootte ruimte is die vierde hemel, en dit is die ruimte waar die oorspronklike God as lig en stem bestaan het. Dit is die vierde hemel waarvandaan God die Drie-eenheid regeer oor die hele—derde, tweede, en eerste hemele—terwyl die skeppingswerke wat tyd en ruimte oorskry, vertoon word.

Hierdie verborge vier-dimensionele ruimte is God se ruimte. Dit is waar die oorspronklike God bestaan het, en dit is so 'n pragtige plek. Niemand kan na daardie area gaan nie, maar net God die Drie-eenheid en 'n paar ander persone wie spesiale toestemming van God verkry het.

Die ruimte van God is 'n eindlose ruimte waar God bestaande dinge kan laat verdwyn, en dinge uit niks kan skep. Bestanddele kan in enige vorm soos vloeistowwe, gas en vastestowwe voorkom. Slegs hulle wie die nodige kwalifikasies het, kan hierdie area ingaan. Nou laat ons na die verborge en wonderlike ruimte van God kyk.

God se Hart is die Ruimte van God

Die ruimte waar God voor die tye bestaan het, is 'n geestelike koninkryk wat vir ons oë onsigbaar is. Dit was een groot ruimte, op 'n tyd wat die geestelike koninkryk en die fisiese wêreld nog nie verdeel was nie. God het as die pragtige en helder lig bestaan, wie die welluidende stem bevat. Hy het regdeur die heelal beweeg, en oor alles alleen regeer.

Die oorspronlike God het aan die totale heelal in Sy hart gewerk. Met ander woorde, die totale heelal was in Sy opgeneem. Laat ek vir jou 'n voorbeeld ter illustrasie gee, om die begrip 'bewerking van 'n ruimte in jou hart' beter te verstaan. Indien jy jou tuisdorp kan onthou, kan jy 'n beeld van jou tuisdorp skilder, en jy mag dalk wonder hoe lyk dit nou. Of, indien jy aan iemand dink wie jy liefhet, en onthou van die tyd wat jy saam met daardie persoon was, dan is jou gedagtes alreeds by die plek waar jy saam met hom/haar gewees het.

Net so, kan God enige plek in die heelal wees, deur oorskryding van die tyd en ruimte, indien Hy dit net in Sy hart bewerk. Ons druk hierdie eienskap van God uit, deur te sê Hy is 'alomteenwoordig.' As gevolg van hierdie alomteenwoordigheid kan Hy al die hoeke van die heelal bewerk, en oor alles regeer.

Psalm 68:34 lees, "Tot eer van Hom wat ry deur die hemele, die hemele wat van die begin af daar is! Hy laat sy stem, sy magtige stem, weerklink!" 'Om bokant die hoogste hemele te ry' beteken dat God volkome oor al die ruimtes, vanaf die eerste hemel tot die vierde hemel regeer. Dit sê dat Sy stem magtig is, maar hierdie stem is nie in die hoorbare klas, vir ons ore nie. Wanneer God vervolgens praat, met die oorspronklike stem van die skepping, sal alle dinge dit gehoorsaam, en Sy mag en waardigheid sal alle hemele skud.

Om God se Ruimte te Besit

God wil hê dat Sy geliefde kinders God se ruimte moet besit, en ook oor al die ruimtes moet regeer. Maar daar is 'n voorwaarde om in staat te wees, om die ruimte te besit, aangesien daar reëls vir liefde en regverdigheid, deur God vir die menslike ontwikkeling, vasgestel is. Regverdigheid is die wet en beginsels. Net soos wat daar baie wette vir die gemeenskap, en verkeersreëls vir motorbestuur is, is daar ook God se Wet, en dit is God se regverdigheid.

Dus, wat beteken dit om die ruimte te besit? Dit is om die ruimte volkome, in jou hart te bewerk. Natuurlik, om die ruimte van God in jou hart te bewerk, beteken nie dat ons alomteenwoordig soos God kan wees nie. Dit beteken net dat buitengewone dinge kan plaasvind, deur die ruimte van God in hierdie fisiese wêreld te ontvou.

Toe God die ruimtes verdeel het, het Hy dit verdeel ooreenkomstig tot Sy gregtigheid en liefde, wat vir elke ruimte geskik is. Soos wat ons opwaarts beweeg, in die grootte van die eerste, tweede, derde en vierde hemele, raak die grootte van geregtigheid ook wyer en dieper. Elke hemel word in stand gehou, deur 'n foutlose orde. Die rede waarom elke ruimte 'n verskillende grootte van geregtigheid het, is omdat elke hemel 'n verskillende grootte liefde het. Liefde en geregtigheid kan nie geskei word nie. Hoe dieper die grootte van liefde word, hoe dieper word die grootte van geregtigheid ook.

Toe Jesus die vrou vergewe het, wie owerspel gepleeg het, was dit uit liefde wat bokant die vlak van geregtigheid gegaan het (Johannes 8). Toe die vrou op die toneel gevang was wat owerspel gepleeg het, het die mense wie oordeel volgens die geregtigheid van die eerste hemel, dadelik geargumenteer dat hulle haar moes stenig. Maar Jesus, met die geregtigheid van die vierde hemel het gesê, "Ek doen dit ook nie. Gaan maar en moet van nou af nie meer sonde doen nie" (Johannes 8:11). Dit was ware liefde, wat geregtigheid insluit.

Ons kan alleenlik die ruimte van God besit, en vrylik deur alle ruimtes beweeg, wanneer ons God se liefde en geregtigheid volkome het. Dan kan ons ook die reëls van die geestelike koninkryk verstaan, en deur al die dinge sien wat in die fisiese wêreld gebeur. Jesus wat geen sonde het, sterf aan die kruis in die plek van sondaars. Aangesien Sy liefde verby geregtigheid strek, kon Jesus wonderlike werke van God se krag ten uitvoer bring, soos die genesing van ongeneeslike siektes asook die wind en golwe tot bedaring bring. Hy was ook daartoe in staat om mense wat aan die eerste dimensie behoort, se gedagtes en verstand te lees.

Hulle wie in die eerste dimensie lewe, is deur die beperkinge van tyd en ruimte gebonde. Maar nadat ons Jesus Christus aangeneem het, en deur die Heilige Gees wedergebore is, kan ons van sulke beperkinge bevry word, tot die mate wat ons, ons hart in 'n geestelike hart ontwikkel. Indien ons mense van gees en volkome gees word, wie aan die derde dimensie, wat die geestelike koninkryk is behoort, sal die vyandige duiwel en Satan wat aan die tweede dimensie behoort, ons vrees alhoewel ons fisies in die eerste dimensie is.

Genesis 1:28 sê, "Toe het God hulle geseën en vir hulle gesê: 'Wees vrugbaar, word baie, bewoon die aarde en bewerk dit. Heers oor die vis in die see, oor die voëls in die lug, oor al die diere van die aarde, ook oor die diere wat op die aarde kruip.'" Adam was 'n lewende gees. Hy was 'n geestelike wese en in die tweede hemel gewoon, en hy het die mag gehad om oor alles wat in die eerste hemel is, te regeer.

Op dieselfde wyse, indien ons God se geregtigheid en liefde kan hê, wat aan die vierde hemel behoort, kan ons God se krag wat tot die vierde hemel behoort ten uitvoer bring, en verby die menslike beperkinge gaan. Dit is waarom Jesus in Johannes 14:12 belowe, "Dit verseker Ek julle: Wie in My glo, sal ook die dinge doen wat Ek doen; en hy sal nog groter dinge as dit doen, omdat Ek na die Vader toe gaan."

Skeppingswerke Vind in God se Ruimte Plaas

Ons kan enigiets wat ons wil, in God se ruimte uitvoer. Bowenal, sal daar skeppingswerke wees. Toe God die hemele en die aarde en alle dinge daarin gemaak het, was dit skeppingswerke. Jesus het ook skeppingswerke bekend gemaak, aangesien Hy die ruimte van God besit het. Een van die beste voorbeelde is Sy eerste teken tydens Sy bediening, waartydens water in wyn verander is.

Een dag het Hy na 'n bruilof gegaan, en daar het die wyn opgeraak. Die Maagd Maria het die gasheer jammer gekry, en vir Jesus gevra om te help. Aanvanklik het dit voorgekom of Hy Maria se versoek weier. Maria het nie moedeloos geraak nie, maar haar onveranderlike geloof getoon. Sy het presies geweet wie Jesus is, en dat Hy meer as bekwaam is om wyn uit water te maak. Maria het geglo dat sy reeds die antwoord van Jesus ontvang het, daarom het sy die diensknegte versoek om te doen, wat Jesus hulle ookal sê om te doen.

Jesus het Maria se geloof gesien, en die dienknegte versoek om die waterkanne met water te vul. Nadat die diensknegte die ses waterkanne klaar gevul het, het Jesus hulle versoek om van dit te skink, en aan die hoofkelner te oorhandig. Teen die tyd wat die diensknegte dit na die hoofkelner geneem het, het die water in wyn verander. Net deur dit in die hart te bewerk, het die water in die ses waterkanne in goeie wyn verander.

In God se ruimte kan so 'n skeppingswerk net plaasvind, deur dit in die hart te bewerk. Natuurlik, God vertoon so 'n skeppingwerk wanneer dit gepas is, ooreenkomstig tot God se regverdigheid, en nie net enige tyd nie. Hierdie teken was moontlik gemaak, omdat die perfekte geloof van Maria goed genoeg was, om God se geregtigheid te vervul.

Jesus het by een geleentheid duisende mense met vyf brode en twee visse, en tydens 'n ander geleentheid met sewe brode en twee visse gevoed. Wat was die geregtigheid, wat God hier vereis het vir hierdie teken? "Jesus het sy dissipels nader geroep en vir hulle gesê: 'Ek kry hierdie mense innig jammer, want hulle is nou al drie dae lank hier by My en hulle het niks om te eet nie. En Ek wil hulle ook nie sonder kos huis toe stuur nie, want hulle kan miskien op pad beswyk'" (Matteus 15:32).

Duisende mense het vir drie agtereenvolgende dae by Jesus gebly, omdat hulle daarna verlang het om Sy boodskappe te hoor. Hulle het na Jesus geluister, en saam gejuig wanneer siek mense genees geword het. Hulle geloof in Jesus was, ten minste vir daardie oomblik volmaak. Gebaseer op hulle geloof, en Jesus se liefde daarby, was God se geregtigheid vervul om die skeppingswerk moontlik te maak.

Weduwee van Sarfat Ervaar Skeppingswerk

'n Soortgelyke skeppingswerk word ook in 1 Konings 17 gemeld. Toe Elia na Sidon gegaan het, het hy in gehoorsaamheid tot God se Woord die weduwee van Sarfat ontmoet. Sy was baie armoedig. As gevolg van 'n lang droogte, het hulle kosvoorraad opgeraak. Sy het net 'n handvol meel en 'n bietjie olie oorgehad. Elia het vir haar gesê om 'n brood te bak, met haar laaste voorraad, en haar geseën. "So sê die Here die God van Israel: 'Die meel in die kruik sal nie opraak nie, en die olie in die kan sal nie minder word nie, totdat die Here laat reën het op die land'" (1 Konings 17:14).

Na die aanhoor hiervan, het die weduwee van Sarfat geen verskoning aangebied nie, maar dit gehoorsaam. Indien ons met ons gesonde verstand dink, was sy nie in 'n situasie om dit te doen nie. Sy was in 'n situasie om te sterf, nadat sy haar laaste bietjie voedsel geëet het, en hierdie man het dit by haar gevra. Sy kon gedink het, dat hy skaamteloos is, maar sy het nie. God het haar hart aangeraak, en haar laat besef dat hy 'n man van God is, en was gehoorsaam teenoor dit wat hy haar vertel het.

Watter soort seëning, het sy as gevolg hiervan ontvang? 1

Konings 17:15-16 sê, "Sy gaan maak toe soos Elia gevra het. Van toe af het hulle gehad om te eet, hy en sy en haar gesin. Die meel in die kruik het nie opgeraak nie, en die olie in die kan het nie minder geword nie, soos die Here deur Elia beloof het."

'Baie dae' hier beteken nie net 'n aantal dae nie, maar vir 'n baie lang tydperk. Die meel en die olie raak nooit klaar nie, is 'n skeppingswerk. Dus, hoe kon Elia so 'n skeppingswerk uitvoer, wat slegs in God se ruimte ten uitvoer gebring kon word?

Elia het nie God se ruimte besit nie, maar ten minste vir daardie oomblik, het hy God se hart en wil onbeperk gelees. 'Onbeperk', hier beteken dat hy God se hart vir 'n sekere oomblik, omtrent iets, betyds gelees het. Somtyds laat God mense Sy hart lees, om Sy wil te vervul.

Elisa het 'n dubbel porsie van sy meester, Elia, se inspirasie ontvang, maar as God hom dit nie laat verstaan nie, dan weet hy nie waarom die Siamietiese vrou vir hom sleg was nie. Sy het geboorte aan 'n seun geskenk, omdat sy die man van God, Elisa, met al haar pogings gedien het. Maar haar seun het skielik gesterf, en toe dit gebeur, het sy dadelik na Elisa gegaan. Totdat sy hom vertel het wat gebeur het, het hy nie geweet wat haar probleem was nie. "Maar toe sy by die man van God op die berg kom, het sy aan sy voete vasgeklou. Toe Gehasi nader staan om haar weg te stoot, sê die man van God: 'Los haar, sy is baie hartseer. Die Here het dit vir my verberg en vir my niks gesê nie'" (2 Konings 4:27).

In orde om God se hart te lees en Sy ruimte te benut, is dit beslissend om die hart van volkome gees te ontwikkel, sodat ons God sal vertrou en Hom volkome sal gehoorsaam. Die rede waarom profete soos Elisa, Abraham, Moses, en Paulus die ruimte van God kon benut, was omdat hulle harte volkome gees was. Wanneer God hulle beveel het om iets te doen, dan het hulle God se krag, wat daardie bevel ingesluit het, verstaan. Hulle kon voel hoe God sou werk, en hulle kon dit in hulle gedagtes skets, en sodoende het hulle geestelike vertroue gehad.

Elia het reguit die lewende God aangekondig, en vuur uit die hemel afgebring, omdat hy in sy hart gevoel het, dat dit is wat God sou doen. Dit was dieselfde toe hy die weduwee van Sarfat gevra het, om haar laaste bietjie voedsel vir hom te gee. Indien ons God volkome vertrou, kan ons selfs die dinge gehoorsaam wat nie vir ons sin maak nie, en wanneer ons dit doen, sal dit gebeur soos wat God gespreek het. Die skeppingswerk het vir die weduwee plaasgevind, omdat beide die weduwee en Elia die mate van God se geregtigheid, vervul het.

Die weduwee het die man van God, Elia, vertrou en sy het sy woord geglo, asof dit God se Woord self was. Sy het sy woord gehoorsaam, sonder aarseling en sonder om menslike gedagtes te gebruik. Op hierdie wyse, kon sy deelneem aan God se ruimte wat Elia benut het.

2 Kronieke 20:20 lees:

"Stel julle vertroue in die Here julle God, en julle sal vas staan. Stel julle vertroue in sy profete, en dit sal goed gaan met julle."

Elisa het God se ruimte benut, wat uitsluitlik aan God behoort, deur Hom volkome te vertrou. Die weduwee het vir

Elisa volkome vertrou, gevolglik het God se ruimte op hulle afgekom, en hulle het die skeppingswerk gesien. Soos in die boonste geval, God bedek mense met God se ruimte, en met geloof en gehoorsaamheid word hulle met God se mense, wie God se ruimte benut, verenig.

Daniël se Drie Vriende Ongedeerd in Smeltoond

Drie vriende van Daniël was in 'n smeltoond gegooi, omdat hulle nie voor 'n afgod gebuig het nie. Die smeltoond was sewe keer warmer as gewoonlik, en die soldate wie naby die smeltoond gegaan het, om hulle in te gooi, het doodgebrand. Vanselfsprekend, daardie drie mense moes ook doodgebrand het. Maar wat het eintlik gebeur?

Daniël 3:24-25 sê, "Toe het koning Nebukadnesar verskrik opgespring en vir sy raadgewers gevra: 'Het ons dan nie drie manne vasgebind in die oond gegooi nie?' En hulle sê vir hom: 'Dit is so, U Majesteit!' Hy sê toe: 'Maar ek sien dan vier manne wat vry en ongedeerd rondbeweeg in die vuur, en die vierde lyk soos 'n hemelwese!'"

Sekerlik was daar drie mense wie in die smeltoond gegooi was, maar daar was vier mense daar. Die koning het gedink dat die een soos 'n hemelwese lyk. Basies kan mense nie geestelike wesens sien nie, maar God het die koning se geestelike oë geopen, en hom in staat gestel om die geestelike wese daar te sien. Nadat die drie mense uit die smeltoond gekom het, het die mense gesien dat met betrekking tot hierdie mense het die vuur geen effek op hulle liggame gehad nie, nóg was daar 'n haar op hulle koppe geskroei, nóg was hulle klere beskadig, nóg het die reuk van vuur aan hulle gekleef (Daniël 3:27).

Hoe kon so iets gebeur? Die rede waarom Daniël se drie vriende beskerm was, is omdat God se ruimte hulle bedek het. Ons kan dit aflei vanaf die frase dat 'n man 'soos 'n hemelwese' met hulle was. Natuurlik, dit is nie 'gode' nie, maar die lewende God, maar Nebudkatneser het so gesê, omdat hy 'n gelowige van die nie-Joodse gode was.

Dus, wie was hierdie 'hemelwese'? Dit was God die Heilige Gees. God die Heilige Gees Homself het na hulle afgekom, en God se ruimte het daardie fisiese ruimte bedek.

Moses verander bitterwater van Mara na soetwater

Eksodus hoofstuk 15 skets 'n toneel waar die bitterwater van Mara in soetwater verander het, en dit is ook 'n gebeurtenis wat in God se ruimte plaasgevind het. Die volk van Israel het die Rooi See oorgesteek en in die woestyn gekom, en hulle kon vir drie dae geen water vind nie. Hulle het water by Mara gevind, maar dit was bitter en ondrinkbaar. Toe het hulle by Moses daaroor gekla. Toe Moses daaroor gebid het, het God vir hom 'n stuk hout gewys. Nadat hy dit in die water gegooi het, het die water soet geword. Is dit dan die stuk hout wat sommige elemente bevat het, wat die smaak van die water verander het? Nee. God het daardie water met die ruimte van God bedek, en het 'n skeppingwerk uitgevoer, deur die inagneming van Moses se geloof en gehoorsaamheid.

Dieselfde soort skeppingswerk was ook in ons kerk uitgevoer, tot groot glorie aan God. Ek het in Seoul gebid, dat die soutwater in Muan in soetwater sal verander, en my gebede was verhoor.

The water was vanaf 'n put by Muan Manmin Kerk afkomstig. Dit is geleë in Heje Myeon, Muan Goon, Jeonnam Provinsie. Dit is heeltemal deur die see omring, en wanneer hulle 'n put grawe, kon hulle slegs souterige seewater kry. Hulle het 'n pyplyn van 3 km aangelê, om van 'n naby geleë plek varswater te kry, maar hulle het steeds 'n tekort aan drinkwater gehad. Die kerklidmate van Muan Manmin Kerk het die teken wat in Mara ten uitvoer gebring was onthou, en het geglo dat dit ook met hulle kon gebeur, en het daarvoor gebid. Hulle het my baie keer gevra om na Muan te kom, en te bid sodat die soutwater in soetwater moet verander.

In Februarie 2000, was besig met 'n tien-dae berggebedssessie, waartydens ek uitsluitlik vir Muan Manmin Kerk gebid het. Gedurende daardie tyd het die kerklidmate van Muan Manmin Kerk ook 'n aflos-vasperiode gelei, om vir my en die kerk te bid. Hulle het sirkelvormige reënboë elke dag, vir tien dae lank, bokant hulle kerk waargeneem.

Nadat ek my berggebede afgehandel het, was ek deur die Heilige Gees besiel om vir die soutwater in Muan te bid, sodat dit soet kan word. Ek het nie persoonlik na Muan gegaan om vir die waterputte te bid nie, maar God het bonatuurlike tyd en ruimte bewerk, om die soutwater in soetwater te verander.

My gebed en die geloof van die kerklidmate van Muan Manmin Kerk, het God se geregtigheid vervul, en hierdie skeppingswerk moontlik gemaak. Tot vandag toe, bevat die put van Muan Manmin Kerk soetwater. Dit is omdat dit deur die ruimte van God die Skepper bedek word. Muan se soetwater was deur die FDA van die VSA getoets, en daar is bewys dat dit gesonde water is, wat ryk aan minerale is. Daar is ook baie genesingswerke wat deur die water plaasvind, sodat die optog van pelgrims na die kerk nooit eindig nie.

Die Dooies Word Opgewek

God se ruimte kan nie alleenlik skeppingswerk vertoon nie, maar het ook beheer oor lewe en dood. Dit kan die dooies opwek, of die lewendiges laat sterf. Dit is van toepassing op enigiets wat lewe het— óf plante óf diere.

Numeri hoofstuk 17 skryf omtrent Aäron se kierie wat gebot het. Dit was moontlik, omdat dit deur God se ruimte bedek was. Die droë kierie het botsels en bloeisels voortgebring, en daar was selfs ryp amandels die volgende dag aan gewees. Selfs vir 'n lewendige boom sal dit maande neem, om vrugte voort te bring, maar dit het in slegs een dag plaasgevind, en dit was 'n droë kierie wat vrugte voortgebring het. Dit was moontlik, omdat die kierie deur God se ruimte bedek was.

Toe Jesus die vyeboom vervloek het, het dit spoedig doodgegaan, en dit was ook omdat die boom deur God se ruimte bedek was. "Toe Hy 'n alleenstaande vyeboom langs die pad sien, gaan Hy daarheen, maar Hy het niks anders as blare daaraan gekry nie. Hy sê toe vir die boom: 'Jy sal in der ewigheid nooit weer vrugte dra nie.' En die vyeboom het dadelik verdroog. Toe die dissipels dit sien, was hulle verbaas en het hulle gevra: 'Hoe het die vyeboom dan so skielik verdroog?'" (Matteus 21:19-20)

Dit was ook so in die geval met Jesus se opwekking van die dooie Lasarus gewees. In Johannes hoofstuk 11, lees ons dat Lasarus al vir vier dae dood was, en sy liggaam het reeds 'n reuk gehad. Maar toe Jesus hom uit die graf roep, het sy gees na hom teruggekeer, en sy verrotte liggaam was herstel. Selfs die onmoontlike in die fisiese ruimte kan in 'n oomblik, in God se ruimte moontlik gemaak word.

Daar was 'n tienerseun in ons kerk, wie totale sig in sy een oog verloor het, maar sy sig was herstel. Hy het 'n katarakoperasie aan sy linkeroog op die ouderdom van drie jaar ondergaan, maar as 'n newe-effek het hy ernstige 'uveitis' en losheid van die retina ondervind. Sy retina het van sy oogappel losgekom, en hy kon nie goed sien nie. Om dit te vererger, het hy ook 'phthisis bulbi', of 'n ineenkrimpende oogappel gehad. Uiteindelik het hy die sig van die linkeroog in 2006 heeltemal verloor.

In 2007 het hy sy sig, deur gebed herwin. Sy linkeroog kon selfs nie enige lig voel nie, maar sy visie het 0.1 geword. Sy krimpende oogappel het ook na normale grootte herstel. Verder, het sy regteroog wat gewoonlik 0.1 visie getoon het, na 0.9 verbeter. Hierdie geval was saam met breedvoerige mediese dokumente aan meer as 220 mediese dokters van 41 lande aangebied, gedurende die 5de Internasionale Christelike Mediese Konferensie wat in Noorweë gehou was, en dit was gekeur as die indrukwekkendste geval tussen verskeie ander gevalle wat by die konferensie aangebied was.

Dieselfde beginsels is van toepassing op alle ander organe, weefsels of senuwees. Selfs indien die senuwees of selle en weefsels dood is, as gevolg van ongelukke of siektes, kan dit weer normaal funksioneer, indien dit deur God se ruimte bedek word. Selfs die gebrekke kan in God se ruimte herstel word.

Buitendien, siektes wat deur kieme of virusse veroorsaak word soos, kanker, VIGS, tuberkulose, verkoue of koors kan in God se ruimte genees word.

In die gevalle van siektes, kom die Heilige Gees se vuur eerstens en verbrand die kieme en die virusse. Dan, sal die aangetasde deel van die liggaam, as gevolg van die siekte, weer herstel. Selfs in die geval van onvrugbare ouerpare, indien die deel van die liggaam wat 'n probleem het, deur God se ruimte bedek word en herstel, kan hulle suksesvolle bevrugting ervaar. Om egter van siektes en gebrekkighede in God se ruimte genees te word, moet elkeen aan die kwalifikasies van God se geregtigheid voldoen.

Die Werke wat Tyd en Ruimte Oorskry

Die werke van krag soos in God se ruimte uitgevoer, kan gedoen word, deur die beperkinge van tyd en ruimte te oorskry. Dit is moontlik, omdat die ruimte van God oorwin en ander dimensies oorskry. Psalm 19:5 sê, "Tog gaan daarvan 'n boodskap uit oor die hele wêreld en hulle taal bereik die uithoeke van die aarde. Vir die son is daar in die hemel 'n tent opgeslaan." Dit beteken dat die Woord van God wat vanaf die vierde hemel gespreek word, gaan regdeur die wêreld tot aan die end.

Selfs 'n groot afstand in die eerste hemel, die fisiese ruimte, is wesenlik dieselfde as geen afstand in God se ruimte nie. Lig beweeg, rondom die Aarde sewe en 'n halwe keer, per sekonde. Maar die lig van God se krag kan nie alleenlik die einde van die Aarde nie, maar ook die einde van die heelal in 'n oogwink bereik. Die fisiese afstand het in God se ruimte geen betekenis nie.

In Matteus hoofstuk 8, het 'n offisier na Jesus gekom, met die versoek om een van sy slawe te genees. Jesus het vir hom gesê dat Hy hom sal vergesel, maar hy het gesê, "Here, ek is nie werd dat U onder my dak inkom nie. Sê maar net 'n woord, en my slaaf sal gesond word" (v. 8). Jesus sê toe vir die offisier: "Gaan terug, en wat jy geglo het, sal gebeur" (v. 13). En sy slaaf het op daardie oomblik gesond geword.

'n Siek persoon was genees op 'n ander plek terwyl Jesus net met Sy Woorde so beveel het, omdat Hy die ruimte van God besit. Die offisier kon so 'n seëning ontvang, omdat hy volkome vertroue in Jesus gehad het. Jesus het ook sy vertroue geprys deur te sê, "Dit verseker Ek julle: Ek het nog by niemand in Israel so 'n groot geloof teëgekom nie" (v. 10).

Aan daardie kinders wie met Hom in die geloof verenig, vertoon God altyd die werke van Sy krag, deur die oorskryding van tyd en ruimte. Cynthia in Pakistan was besig om te sterf, weens hewige obstruksie en Celiac-siekte. Cynthia se suster was op daardie stadium in Korea, en sy het vir my Cynthia se foto gebring, sodat ek vir haar op die foto kon bid. Die genesingsproses, het bo die beperkinge van tyd en ruimte plaasgevind. In die Verenigde State het Robert Johnson ook genesing, deur oorskryding van tyd en ruimte ontvang. Hy het tydens 'n val sy Achilleshiel geskeur. Hy kon as gevolg van geweldige pyn, nie loop nie. Hy was aangeraai om chirurgie te ondergaan, om dit te herstel, hy het egter volkome herstel deur slegs 'n enkelstut te dra, vir nege maande sonder enige chirurgie, met behulp van gebede wat hy vanaf Korea ontvang het. Dit was 'n werk van God se krag, wat in God se ruimte uitgevoer was.

Buitengewone Werke van die Apostel Paulus

In Handelinge hoofstuk 19, word gesê dat God buitengewone wonderwerke aan die hand van Paulus uitgevoer het. Toe hy dit in die naam van Jesus Christus beveel het, het die bose geeste uitgegaan en genesigswerke het plaasgevind, selfs wanneer sakdoeke of voorskote hom aangeraak het. Hy was nie deur 'n giftige slangbyt benadeel nie, en hy het ook geprofeteer. "God het deur Paulus wonderbaarlike dinge gedoen. Selfs doeke of voorskote wat aan sy lyf geraak het, is op siekes gesit en dan het hulle siektes verdwyn; en die bose geeste het uit hulle uitgegaan" (Handelinge 19:11-12).

Eweneens, God se kragtige werke kan selfs plaasvind, deur objekte soos sakdoeke in God se ruimte. Hoe buitengewoon! Daar was baie genesingswerke ook wat plaasgevind het op sakdoeke, waarop ek gebid het. God se krag verdwyn nooit, of word nie uitgeblus, ongeag die verloop van tyd, solank as wat God se geregtigheid nie ontheilig word nie. Daarom, die sakdoeke wat God se krag bevat, is iets baie kosbaar, omdat dit God se ruimte kan open, ongeag die tyd en die plek.

Maar indien dit op 'n ongoddelike manier gebruik word, deur 'n ongelowige persoon, sal geen werk van God uitgevoer word nie. Nie alleenlik die persoon met die sakdoek nie, maar ook die een wie voor gebid word, moet aan die kwalifikasies van God se geregtigheid voldoen. Hulle moet glo, dat God se krag eintlik daarin vervat is. Die geloof van die een wie die gebed vir die siek persoon doen, en die geloof van die siek persoon sal akkuraat bepaal word, en God se werk sal uitgevoer word, tot die mate wat dit in ooreenstemming met God se geregtigheid is.

Josua Stop die Son en die Maan

Die rede waarom hoër dimensies laer dimensies kan oorheers, is omdat die sterkte van die lig en die vloei van tyd verskil. Hoe hoër die dimensie van die ruimte, hoe helderder is die lig en hoe vinniger is die tydvloei. Die lig van die vierde hemel is die helderste, dan die derde, en tweede hemel.

Met betrekking tot die tydvloei, dit is vinniger in die tweede hemel as in die eerste hemel, en selfs vinniger in die derde hemel. Maar in die vierde hemel kan dit of vinniger of stadiger wees. Dit sal funksioneer soos God dit in sy hart bewerk. God kan dit verleng, verkort of selfs stop.

Die skeppingswerke, die dooies wat opgewek word, en verruklike genesing vind plaas, deur die oorskryding van tyd en ruimte, en word alles moontlik gemaak, deur die tydvloei wat tot stilstand kom. Dit is waarom die besondere gebeurtenis kan plaasvind, so gou as wat dit in die hart bewerk is, of sodra die opdrag gegee is.

Toe Josua in 'n stryd met die Amoriete gewikkel was, het die son en die maan stilgestaan, en dit was 'verlenging van tydvloei'. Josua 10:13 sê, "Die son het stilgestaan, die maan het nie geroer nie totdat Israel sy vyande verslaan het." Dit was toe Josua 'n stryd met die Amoriete gevoer het, gedurende die oorwinning van Kanaan Land. Wat is die faktore wat kan veroorsaak, dat die son vir een hele dag in die eerste hemel kan stilstaan?

Die Aarde moet dit self een keer per dag roteer, en vir die son om te kan stop, moet die Aarde ophou roteer. Indien die Aarde stop om vir selfs net een oomblik te roteer, sal die gevolge nie net vir die Aarde self reusagtig wees nie, maar ook vir baie ander hemelliggame. Maar hoe kon die son vir een volle dag stop?

Ons kan die antwoord in die ruimte van God vind. Op daardie oomblik, het God nie alleenlik net die Aarde, maar die hele eerste hemel met God se ruimte bedek. Dus, tenminste vir daardie oomblik, was alles in die eerste hemel met die tydvloei in die geestelike koninkryk gesinkroniseer. Dit was die verlengde tydvloei. Die son het vir die hele dag stilgestaan, so mense kon gevoel het, dat 'n baie lang tyd verloop het. Maar inderwaarheid, kon dit slegs een minuut, of self een sekonde gewees het.

Op daardie tydstip was die hele eerste hemel in lyn met die geestelike koninkryk se tydvloei, dus was fisiese tydvloei geensins van toepassing. Selfs, indien net 'n sekere deel van die eerste hemel, en nie die hele eerste hemel deur God se ruimte bedek was, sal daar nie 'n probleem wees nie, omdat ander dele van die fisiese ruimte nog steeds, onder die tydvloei van die fisiese ruimte sou wees.

Elia hardloop vinniger as die koning se strydwa

In die Bybel kan ons 'n geval sien, waarin iemand in die verkorte tydvloei was. Dit was toe Elia voor Koning Agab se strydwa gehardloop het, soos in 1 Konings 18 opgeteken staan. Die verkorte tydvloei is die teenoorgestelde, van die verlengde tydvloei. Veronderstel iemand is vir een uur in fisiese tyd bedek, deur die ruimte van die vierde dimensie. In God se ruimte kan hy hierdie een uur verkort soos hy wil. Indien hy dit na dertig minute verminder, beteken dit nie dat die ander dertig minute verdwyn nie. Dit beteken een uur is saamgepers in dertig minute.

Byvoorbeeld, jy sit 'n 100 meter-lange kleed op die grond neer, en hardloop van die eenkant na die anderkant, en dit neem 20 sekondes. Dan, indien jy die kleed in die helfte vou, hoe lank sal dit neem? Dit is 50 meter, so dit sal ongeveer 10 sekondes neem. Indien jy die kleed weer vou, is die lengte korter, en die tyd is verkort. Maar die kleed het nie verdwyn nie.

Dit is ongeveer dieselfde, met die verkorting van tyd in God se ruimte. Elia het teen sy eie spoed gehardloop, maar hy kon vinniger as die koning se strydwa hardloop, omdat hy in die verkorte tydvloei was. Gewoonlik, vlieg handelsvliegtuie teen ongeveer 900km per uur, maar passasiers binne die vliegtuig kan nie die spoed voel nie.

1 Konings 18:46 lees, "Die mag van die Here het vir Elia in besit geneem, en hy het sy mantel opgebind en voor Agab se wa uit gehardloop tot waar die pad uitdraai na Jisreël toe." Koning Agab was haastig in sy strydwa, omdat reën aan die kom was, en nogtans hardloop Elia vinniger as die strydwa. Hy kon vinniger as die strydwa hardloop, omdat hy God se ruimte, wat geen beperkinge van tyd en ruimte het nie, gebruik het. Die Bybel sê dat 'die hand van die Here was op Elia'. Deur God se krag, was Elia se liggaam bedek deur Sy krag, en iets bokant menslike beperkinge het plaasgevind.

Bewegend deur die Geestelike Ruimte

In Handelinge hoofstuk 8, het Filippus die leiding van die

Heilige Gees ontvang, om 'n ontmande Etiopiër op sy weg na Jerusalem te ontmoet. Hy het die evangelie van Jesus Christus aan die ontmande persoon verkondig, en hom selfs gedoop. Filippus was in die woestyn op pad na Gasa, maar in 'n oogwink het hy in Asdod verskyn. Dit was eintlik 'n beweging deur die geestelike ruimte, soortgelyk aan 'n 'gedagteoordrag.' "Toe hulle uit die water kom, het die Gees van die Here vir Filippus weggeneem. Die amptenaar het hom nie meer gesien nie en sy reis met blydskap voortgesit. Filippus is later in Asdod aangetref. Hy het daarvandaan deur al die dorpe gegaan totdat hy in Sesarea gekom het, en oral het hy die evangelie verkondig" (Handelinge 8:39-40).

Vir 'n gedagteoordrag om plaas te vind, moet iemand deur die geestelike deurgangsweg gaan, wat deur die ruimte van God gevorm word. Wanneer die tydvloei in daardie geestelikeweg tot stilstand kom, kan iemand oorgeplaas word.

God het ons kerklidmate indirek hierdie soort beweging, in die geestelike ruimte laar ervaar. Dit was deur die naaldekokers. Naaldekokers wat in ander areas was, het na ons gekom, en verdwyn deur die geestelike deurgangsweg wat deur God se ruimte gevorm was.

Swerms naaldekokers het verskyn waar ons, ons somertoevlugsoord aangebied het, Hulle het die muskiete en ander skadelike insekte opgevreet. Teen daardie tyd het volgroeide naaldekokers van die een plek na die ander beweeg. Dit was in 2006 toe die beweging van die naaldekokers hierheen begin het. Dit kan gekategoriseer word in horisontale en vertikale beweging, ooreenkomstig tot die soort van geestelike deurgangsweg.

Wat meer verbasend was, is dat wanneer die kerklidmate die naaldekokers gelok het, was hulle nie vreesbevange vir die mense nie, maar het op hulle vingerpunte en ander liggaamsdele van die kerklidmate kom sit. Naaldekokers is voordelig, omdat hulle skadelike insekte in die somer eet. Ek kan onthou dat in my kinderdae was dit baie moeilik, om een enkele naaldekoker te vang. Hulle sou wegvlieg, wanneer hulle die geringste bietjie menslike teenwoordigheid naby hulle aanvoel. Vir 'n lang tydperk nou, was dit baie moeilik om een enkele naaldekoker in Seoul te sien, en die verskyning van swerms naaldekokers is sekerlik God se werking.

Die volgende jaar, 2007, het die naaldekokers so vroeg as begin Julie, begin om te verskyn. Naaldekokers begin gewoonlik vanaf die laat somer te verskyn, tot regdeur herfs. Terwyl die naaldekokers wat toe nog larwes was, deur die geestelike deurgangsweg beweeg het, het daardie larwes volgroei, om volwasse te word. Soos wat hulle deur die vierde dimensionele ruimte beweeg het, het hulle groeiproses versnel. Dus, kon die naaldekokers in daardie jaar baie vroeër, as gewoonlik te voorskyn kom.

Buitendien, in 2008, was nie alleenlik hulle verskyning nie, maar ook hulle getalle beheer. Enorme swerms naaldekokers het gedurende die begin van Julie uit die lug begin instroom. Verskillende sendinggroepe van ons kerk het hulle onderskeie somer-toevlugsoorde in verskillende plekke in Suid Korea gehad, en al die kerklidmate kon die naaldekokers sien, terwyl hulle loodreg van die son afgekom het. Die naaldekokers het nie na ander plaaslike plekke gegaan nie. Hulle het afgekom en gebly in die areas waar hulle afgedaal het, en hulle was sigbaar waar hulle op die kerklidmate se hande, gesigte en skouers gesit het.

Die tema van die somer-toevlugsoord vir daardie jaar was 'Geestelike Ruimte', en die vreugde van die gelowiges was net fantasties. Hulle kon die boodskap mooi verstaan, aan die hand van 'n wesenlike lewendige voorbeeld, van die naaldekokers wat deur die geestelike ruimte beweeg het, en na hulle toe gekom het. Deur hierdie toevlugsoord, het die geloof van die kerklidmate na 'n hoër vlak beweeg. Dieselfde soort werk vind by alle kerke plaas, nie alleenlik in Korea nie, maar regoor die wêreld.

Dieselfde soort byeenkoms het ook gedurende die somer van 2009 plaasgevind. Elke sendinggroep het hulle onderskeie toevlugsoorde aangebied, en daar was meer naaldekokers as wat die vorige jare verskyn het. Die gelowiges het tien duisende naaldekokers vanaf, rondom die son sien afkom, deur die geestelike ruimte wat geopen was. Soos wat hulle uit die lug afgekom het, het hulle geglinster en soos sneeuvlokkies gelyk.

Toe die Israeliete die Rooi See oorgesteek het, was dit deur 'n sterk wind geskei, en 'n geestelike deurgangsweg was vir hulle gevorm. Hoe sterk moes die winde nie gewees het, om in staat te wees, om die see te skei! 'n Mens sou nie in staat gewees het, om in daardie winde regop te kon staan nie. Maar meer as twee miljoen Israeliete het vreedsaam, te midde van daardie winde daar gestap. Dit is, omdat 'n geestelike deurgangsweg gevorm was, om die effek van die winde vanaf die mense te blokkeer. Wat het dan gebeur toe hulle die Jordaanrivier oorgesteek het, om die Land van Kanaän binne te gaan?

Josua 3:15-16 sê, "Die draers van die ark het by die Jordaan aangekom. Gedurende die hele oestyd is die Jordaan gewoonlik vol, oor al sy oewers. Toe die voete van die priesters wat die ark dra, in die vlakwater kom, het die water wat afkom, gaan staan. Dit het op een hoop gaan staan, ver boontoe by Adam, die stad langs Saretan. Die water wat afloop na die see in die Jordaanvallei, die Soutsee, was heeltemal afgesny. Die volk het regoor Jerigo deurgetrek."

Vanaf die punt waar die volk van Israel was, het die water stroomop in een hoop opgedam, terwyl die water stroomaf aangehou het om te vloei. Op daardie tydstip, was 'n geestelike ruimte gevorm, soortgelyk aan die vorm van iets soos 'n dam.

Verskeie Maniere Waarop Geestelike Deurgangsweë Benut Was

Indien ons hierdie geestelike deurgange baie goed benut, kan ons die weerstoestande beheer. Byvoorbeeld, veronderstel twee spesifieke areas ly, een as gevolg van oorstrominge en die ander weens droogte. Dan, indien ons die reënwolke verskuif, vanaf die oorstroomde area na die droë area, dan los ons die probleme van albei areas op.

Die onverwagse reënval in Israel is so 'n voorbeeld. In September 2009, het ek vir 'n sekere ding gebid, terwyl ek vir 'n kruistog na Israel voorberei het. Israel het 'n moeilike tyd beleef, as gevolg van 'n ernstige droogte, wat vir die laaste vyf jaar aangehou het. Die pastore in Israel het hulle situasie verduidelik, en my gevra om daarvoor te bid.

Indien so 'n versoek, wat van nasionale belang is, beantwoord moet word, is daar sekere voorwaardes waaraan voldoen moet word. Dit is dat die president of gelykstaande vlak ampsdraers vir so 'n gebed met geloof moet aanvra, of 'n meerderheid van die mense moet so 'n versoek met geloof, rig. Maar, omdat ek baie jammer oor hulle situasie was, het ek op die eerste en tweede dag van die kruistog vir goeie reënval in Israel gebid, om 'n einde aan die droogte te maak.

Wat was die resultaat? Israel het 'n duidelike skeiding tussen die reën-seisoen en die droë-seisoen. September is die droë-seisoen, en dit reën skaars gedurende September. Somtyds mag dit 'n klein bietjie begin, om laat in Oktober te reën, maar die eintlike reën-seisoen strek vanaf Desember tot Februarie die volgende jaar. Ook, as gevolg van die lang droogte, het die vlak by die See van Galilea die laer rooilyn, wat 208 meters is, bereik. Dit is die laagste vlak, waarna water nie meer uit die See onttrek kan word nie.

Maar een dag, na afloop van die kruistog, het die noordelike deel van Israel reën gehad. Op Sondag, 13 September, het hulle 'n betekenisvolle hoeveelheid reën in Jerusalem en ook in Tel Aviv gehad. Die Israeliese pastore was verheug, en het God verheerlik en gesê dat hulle reën ontvang het, danksy my gebed. Maar dit was nog nie verby nie. Hulle het die volgende week nog meer reën gehad, en die Israeliese Water Hulpbronne Department het gesê, dat die reënval vir die afgelope twee dae was dieselfde as die totale gemiddeld vir beide September en Oktobermaand. Dit was nie iets wat volgens God se geregtigheid moontlik was nie, maar God het die gebed verhoor, en verby regverdigheid gegaan en toegelaat dat hulle reën ontvang.

Daar is ook so baie siklone en orkane wat baie rampe rondom die wêreld voortbring. Indien ons die rigtings van siklone of orkane kon verander, na onbewoonde areas, sou daar geen probleme gewees het nie.

Twee siklone het die Filippynse Eilande genader, toe ek in 2001 daarheen vir 'n kruistog gegaan het. Die 16de sikloon "Nari" en die 19de sikloon "Lekima" het die Filippynse Eilande, met gepaardgaande stormsterk, winde genader. Indien die siklone ooreenkomstig die voorspelde roetes beweeg het, sou dit vir ons onmoontlik gewees het, om die kruistog te onderneem. By die perskonferensie daar, wou die verslaggewers by my weet of die kruistog sou mootlik wees, as gevolg van die aankomende siklone.

Teen daardie tyd het ek gesê, "Die siklone sal reeds uitgedoof wees, of van rigting verander het. Daar sal geen sikloon of reën tydens die kruistog wees nie, so asseblief, probeer om dit by te woon." Die "Nari" het net voor die kruistog uitgedoof, en die "Lekima" het skielik van rigting verander, en by die Filippynse Eilande verbybeweeg. Dit was vir ons moontlik om die kruistog te hê, sonder enige probleme.

Ons kan nie alleenlik siklone stop nie, maar ook ander natuurrampe soos, vulkaanuitbarstings of aardbewings, indien ons die geestelike ruimte benut. Ons kan net die bron van die vulkaanuitbarsting of aardbewing, met God se ruimte bedek, en hierdie dinge kan moontlik gemaak word, wanneer dit ooreenkomstig God se geregtigheid in orde is. Byvoorbeeld, om 'n ramp te verhoed wat skade op nasionale vlak aanrig, is die leier van die land veronderstel, om die gebed aan te vra. Ook, selfs al is die geestelike ruimte oop, kan die geregtigheid van die eerste hemel nie totaal geïgnoreer word nie. Die werking van die geestelike ruimte sal beperk wees, tot die mate waartoe daar geen verwarring in die eerste hemel sal wees, nadat die geestelike ruimte opgelig is nie. God regeer al die hemele met Sy almag, en Hy is die God van liefde en regverdigheid.

Liefde wat Regverdigheid Oorskry

In Genesis hoofstuk 18, kan ons lees wat God voorspel het, wat met die bedorwe Sodom en Gomorra sal gebeur. "Toe sê die Here, 'Die geroep teen Sodom en Gomorra is hard. Hulle sonde is baie groot! Ek wil gaan kyk sodat Ek kan weet of hulle ooreenkomstig die geroep wat tot by My gekom het, gehandel het of nie'" (Genesis 18:20-21).

Sodom en Gomorra moes vir hulle sondes gestraf word, ooreenkomstig tot die reëls van geregtigheid, maar God het vir Abraham vroegtydig daarvan laat weet, omdat sy neef, Lot, daar gewoon het. God wou in Sy hart vir hulle nog 'n kans gee. Dit is God se liefde en regverdigheid.

Abraham het vyf keer vir God gevra, om Sodom te spaar. Eerstens, het hy gevra om dit nie te verwoes, indien daar vyftig regverdige mense is, en toe vyf en veertig, en toe veertig, dertig, twintig en uiteindelik het die getal na tien verminder. "Toe sê Abraham: 'Moet tog nie kwaad word nie, Here! Ek wil nog net een keer praat; miskien word daar tien gekry.' En die Here sê: 'Ook oor tien sal Ek dit nie verdelg nie'" (Genesis 18:32).

Indien 'n eenvoudige skepsel soos Abraham, God so dapper kon vra, wys dit vir ons dat hy God se hart verkry het, en een met God geword het. Hy het met groot liefde gevra, dat God se hart aangeraak sal word en die mense spaar, en God was deur sy liefde aangeraak en het belowe, om te doen wat hy vra.

God werk met liefde, binne die grense van geregtigheid. So, Hy wou genade en deernis toon, selfs wanneer Hy Sodom en Gomorra straf, daarom het Hy nog 'n geleentheid met liefde gegee, wat geregtigheid oorskry deur die gebed van Abraham, die regverdige man.

Sodom en Gomorra was uiteindelik gestraf, omdat hulle nie tien regverdige mense tussen hulle gehad het nie, maar Abraham se neef, Lot, en sy familie was gespaar. Dit was omdat Lot in Abraham, wie God baie liefgehad het, se ruimte was. Met ander woorde, omdat God vir Abraham so liefgehad het, het God vir Lot en sy familie met die geestelike ruimte bedek, deur aan Abraham te dink.

Soos verduidelik, alles kan met God se liefde en regverdigheid, in God se ruimte, beheer word. Liefde vernietig regverdigheid, sonder om dit te ontheilig. Om sulke dinge te laat gebeur, moet jy 'n hart in ooreenstemming met die regverdigheid van die vierde hemel ontwikkel. Naamlik, wanneer jy 'n hart ontwikkel het, wat met God se hart ooreenstem, kan jy werke van God vertoon wat verby regverdig is, sonder om die regverdigheid van die vierde hemel te ontheilig.

Die probleem is, hoe kan iemand 'n hart soos God se hart ontwikkel. Totdat dit plaasvind, deur geloof en liefde alleen, moet jy geweldige toetse oorkom, wat vir die mense ondenkbaar is. Jy moet die prys betaal, in ooreenstemming met God se geregtigheid, om deur elke toets stap vir stap te gaan totdat jy in staat is om God se ruimte te benut, deurdat jy die vierde hemel se regverdigheid aangeleer het.

Abraham het ook baie beproewinge en toetse deurloop, voordat hy 'n 'vriend van God' genoem was. Toe hy vyf en sewentig jaar oud geword het, het God vir hom gesê dat 'n groot nasie deur hom gevorm sou word, maar vir meer as twintig jaar het hy nie 'n kind verwek nie. Maar toe hy nege en negentig jaar oud was, en Sarah nege en tagtig jaar en nie kinders kon hê nie, het God uiteindelik vir hom gesê dat hy die volgende jaar 'n seun sou kry.

Menslik gesproke was dit onmoontlik, maar Abraham het sy vertrou in God gestel, en nooit getwyfel nie. God het sy geloof as billikheid erken, en soos wat hy geglo het, het hy vir Isak verwek. Maar toe Isak opgegroei het en so pragtig was, het God vir Abraham gesê om Isak as 'n brandoffer te offer. Abraham het geglo dat God hom sou opwek, selfs al sou hy Isak as brandoffer gee, omdat God hom reeds vertel het dat baie afstammelinge deur Isak sou voortkom. Hy was bereid om sy enigste seun, Isak, sonder enige huiwering te gee, omdat hy God waarlik eerbiedig het.

Nadat Abraham al die beproewinge en toetse geslaag het, het God hom ''n vriend van God' genoem, en hom as die 'vader van geloof' gevestig. Na die finale toets om sy enigste seun, Isak, as brandoffer te gee, het hy al die seëninge wat 'n mens kan onvang, soos seëninge van kinders, gesondheid, rykdom en 'n lang lewe ontvang.

God is op soek na ware kinders, wie seëninge kan ontvang en baie siele op die weg na saligheid kan lei, deur geloofsgebede en liefde soos die van Abraham. God het vir ons skeppingswerke getoon, lewe en dood beheer, asook werke wat die ruimte en tyd oorskry, omdat Hy ware kinders wil hê, wie 'n hart soos God het.

Genesis 18:17-19 sê, "En toe dink die Here: 'sal Ek vir Abraham wegsteek wat Ek wil doen? Abraham sal tog 'n groot en sterk nasie word en in hom sal al die nasies van die aarde geseën word. Ek het hom gekies dat hy sy kinders en sy nageslag kan beveel om op my pad te bly deur te doen wat goed en reg is, sodat Ek vir Abraham kan doen wat Ek hom beloof het.'"

Indien ons tenminste die basiese beginsels van God se ruimte wat tot op hierdie punt verduidelik is, kan verstaan, sal ons baie gebeurtenisse in die Bybel meer breedvoerig kan verstaan, en dit ook in ons lewens ervaar. Ons kan verby menslike beperkinge gaan, indien ons God se ware kinders word, deur in God te glo en Sy beeld kan herwin. Vir hierdie rede het die opgestane Here Jesus vir ons 'n laaste woord gegee, voordat na die Hemel opgevaar het. "Maar julle sal krag ontvang wanneer die Heilige Gees oor julle kom, en julle sal my getuies wees in Jerusalem sowel as in die hele Judea en in Samaria en tot in die uithoeke van die wêreld" (Handelinge 1:8).

Wat is die kortpad om die krag van God te ontvang, en 'n getuie van die Here te word? Dit is om ons hart te heilig, en om ywerig te bid om 'n persoon van volkome gees te word, sodat ons in staat sal wees om God se ruimte te benut. Verder, ons moet daarna strewe om God se regverdigheid en liefde volkome te ontwikkel, om ons in staat te stel om die mooiste hemelse woonplek, Nuwe Jerusalem, te erf, en selfs God se ruimte.

God se Beeld

Een kan die verlore beeld van God herwin, wanneer hy 'n ware kind van God word, wie 'n hart soos God het. Maar dit beteken nie dat hy soos God Homself word nie. God kan net as lig sonder enige vorm bestaan, of Hy mag 'n sekere vorm aanneem.

God Neem 'n Vorm aan vir Menslike Ontwikkeling

Die Mens Is Na God se Beeld Geskep

Ons Kan nie God se Aangesig Direk Sien

Grootte van God se Vorm

God se Beeld Volgens Apostel Johannes se Mening

Deelname aan Goddelike Natuur

Wat se soort voorkoms het God? Hoe groot mag Hy wees?

Indien iemand Jesus Christus aangeneem het, en meer van God wil weet, moet hy nuuskierig word oor God se voorkoms, asook oor die koninkryk van die hemel. Wanneer kinders vir lang periodes vanaf hulle ouers geskei word, sal hulle die ouers mis, en hulle koester. Dit is dieselfde vir ons om God te soek, en na Hom diep in ons natuur te verlang.

Matteus 5:8 sê, "Geseënd is dié wat rein van hart is, want hulle sal God sien." 'Om rein van hart te wees' beteken 'nie om iemand se mening op betenkenislose dinge in te stel nie, maar om suiwer en skoon in die waarheid te wees.' Dit is 'n hart wat blaamloos en vlekloos is, en waarmee ons nie enigiets kwaadwillig of onbeskof aan dink nie. Dit sê die suiwer van hart sal God sien, en wat beteken dit? Dit beteken nie dat hulle God se oorspronklike wese, self sal sien nie. Dit beteken dat hulle God sal ervaar, deur enigiets te ontvang wat hulle vir God vra.

Dit beteken egter nie, dat ons nooit God se beeld kan sien nie. Dit beteken net dat hulle nie God se aangesig direk kan sien (Eksodus 33:20). God is gees, so ons ken nie God se beeld volkome nie, omdat ons nie in staat is om God direk te sien nie. God sê, ons is volgens Sy beeld geskep, dus kan ons aflei dat God en ons iets in gemeen het, wat ons voorkoms betref. Ons kan ons voorstel, hoe God mag lyk volgens die Bybel, wat 'n openbaring omtrent God is.

God Neem 'n Vorm Aan vir Menslike Ontwikkeling

Ons vind in Eksodus 3:14 dat God van Homself sê, "Ek is wat Ek is." Hy is die volmaakte wese wie deur Homself bestaan het, voor die ewigheid. Mense het beperkte kennis, dus dink ons dat daar moet vir enigiets 'n begin wees. Dit is waarom God die woord 'begin' gebruik, maar dit is net sodat ons kan verstaan.

Johannes 1:1 lees, "In die begin was die Woord daar, en die Woord was by God, en die Woord was self God." En Genesis 1:1 sê, "In die begin het God die hemel en die aarde geskep."

God het die mens geskep, toe Hy die hemele en die aarde en alles daarin geskep het, en dus, die 'begin' in die boek van Genesis vestig 'n verwantskap met die mens. Aan die ander kant, die begin wat in Johannes hoofstuk 1 vermeld word, is 'n tydstip wat was, lank voor die skeppingstyd. Verder, dit het geen verwantskap met die mens nie.

In die begin het God in 'n ruimte, die geestelike koninkryk bestaan, wat vir ons oë onsigbaar is. God het as 'n pragtige en helder lig bestaan, en oor alles regeer, terwyl Hy oor al die ruimtes van die heelal gesweef het. God het menslikheid sowel as godheid gehad, en vir daardie rede het Hy die menslike ontwikkeling beplan, om ware kinders te verkry en het Hy as die Drie-eenheid begin bestaan: die Vader, die Seun en die Heilige Gees.

Dit was op daardie oomblik dat God begin het, om 'n beeld te hê. Genesis 1:26 sê, "Toe het God gesê: 'Kom Ons maak die mens as ons verteenwoordiger, ons beeld ...'"

Natuurlik, dit is nie 'n fisiese vorm soos 'n mens nie. Dit was 'n geestelike beeld om God, wie gees is, te omvat. Engele, die hemelse weermag of gérubs is almal geestelike wesens, maar hulle het nie onderskeie vorms nie. God het aan die begin ook nie 'n spesifieke vorm gehad nie, maar op 'n tydstip het Hy 'n spesifieke vorm aangeneem.

God, die Drie-eenheid, neem 'n vorm aan vir ons mense, en toe Hy die Aarde geskep het, wat die toneel vir die menslike ontwikkeling is, het Hy na die Aarde afgekom. Hy het kom ondersoek instel, oor wat die Aarde in die toekoms mag benodig en hoe Hy daardie dinge sou maak. Daarna het Hy eintlik met die skepping van alle dinge begin.

Die Mens Is Na God se Beeld Geskep

God, die Drie-eenheid, het die mens na Sy beeld op die sesde skeppingsdag geskep. Dit beteken nie dat net ons uiterlike voorkoms, was soos God se beeld geskep nie. Dit beteken ook dat ons hart volgens God se hart geskep was.

Maar sedert Adam se ongehoorsaamheid, het die mense hulle oorspronklike beeld, wat hulle tydens hulle skepping ontvang het verloor, terwyl hulle toenemend met sondes bevlek word. Deurdat Adam God se beeld verloor het, beteken nie dat die uiterlike voorkoms verdwyn het nie, maar dit beteken dat hy God se natuur, wat 'n heilige geurigheid is, verloor het. Die mens is saamgestel uit gees, siel en liggaam, maar as gevolg van sonde, het die gees van alle mense 'gesterf'. Vanaf daardie tyd verder, verskil hulle nie van diere, wat slegs met siel en liggaam geskep was nie.

Maar toe die tyd gekom het, het God vir Jesus na die aarde gestuur, om die weg na saligheid te baan, sodat enigeen gered kon word. Aan enigeen wie Jesus Christus aanneem, gee God die Heilige Gees as 'n geskenk. Dan, sal sy dooie gees herlewe, en hy kan begin om God se verlore beeld te herwin. Die heilige God wil hê, dat Sy kinders ook in hulle heiligheid moet hê. Dit is waarom Hy ons aanspoor met advies en sê, "Wees heilig, want Ek is heilig" (1 Petrus 1:16).

God kyk nie na die voorkoms, maar die hart van elke persoon. Ons kan God se ware kinders word, indien ons daarteen veg en alle vorme van sonde verwerp, tot die punt van bloedstorting. Ons kan die verlore beeld van God herwin, en sterk ligte vanaf ons geestelike vorm uitstraal, tot die mate wat ons soos God is, wie Lig is.

1 Johannes 5:18 sê, "Ons weet dat iemand wat 'n kind van God is, nie meer sondig nie, maar die Seun van God bewaar hom, en die duiwel kry geen houvas op hom nie." God beskerm hulle wie volgens die Woord van God lewe, en nie sondig nie. As gevolg van hulle helder lig, kan die vyandige duiwel en Satan nie naby hulle kom nie.

Die doel van God om die wêreld en mense te skep, is om ware kinders te verkry, wie God se beeld het. Maar feitlik elke mens sedert die skeppingstyd, het nie God se beeld ontwikkel nie. Daar is ontelbare mense sedert Adam gebore, maar slegs 'n handvol van hulle het eintlike die soort hart ontwikkel, wat God wil hê dat hulle moet bekom. Sulke mense volg God, en openbaar Sy glorie in hulle lewens. Hulle voer kragtige werke uit, wat ondenbaar is. Elia het vuur saam af, vanaf die Hemel gebring; Abraham het wesenlik sy enigste seun Isak as 'n brandoffer geoffer; die apostel Paulus was sy hele lewe getrou en liefdevol.

Wanneer God sulke mense gesien het, was Hy vreugdevol.

Inteendeel, selfs tussen hulle wie vir die koninkryk van God aangewend was, was daar sommige mense wie nie regtig as 'ware mense van God,' beskou kon word nie. Byvoorbeeld, in Elisa se geval, hy het alles van Elia geleer, en 'n dubbel porsie van Elia se inspirasie ontvang. Maar sy hart was nie volmaak, soos dié van Elia nie (2 Konings 2:24) Toe kinders hom gevolg en onuitstaanbaar bespot het, het hy hulle uiteindelik vervloek. Twee wyfie-bere het uit die bos gekom, en twee en veertig kinders verskeur.

Lot het ook Abraham se goedheid gesien, maar nogtans kon hy nie sy eie hart soos Abraham se hart van goedheid, ontwikkel nie. Hy het materiële seëninge van Abraham ontvang, en in 'n gevaarlike situasie, was sy lewe deur Abraham gered. Steeds kon hy nie 'n volmaakte hart ontwikkel nie.

Natuurlik, Elisa het baie wonderlike dinge uitgevoer, en mense het gesê dat hy 'n man van God was. Dit was egter net, omdat mense hom as 'n profeet gerespekteer het. 'n Ware man van God is nie net 'n persoon, wie deur God gebruik kan word, om God se doel vir die oomblik te bereik nie. Dit is 'n persoon wie God se beeld herwin het, 'n heilige en suiwer hart het, wat vry is van enige smet of vlek.

Ons Kan nie God se Aangesig Direk Sien

Sedert Adam se val, was niemand in staat om die aangesig van God, wie Lig Homself is, direk te sien nie. God is gees en ons kan Hom nie met fisiese oë sien nie. Buitendien, Eksodus 33:20 sê, "Vir My kan jy nie sien nie, want geen mens kan My sien en bly lewe nie."

Elisa was in die hemel opgeneem, sonder dat hy gesterf het, en nogtans kon hy nie direk na God kyk nie. 1 Konings 19:12-13 sê, "Na die aardbewing was daar 'n vuur. Maar in die vuur was die Here nie. En na die vuur was daar 'n fluistering in die windstilte. Toe Elia dit hoor, het hy sy gesig met sy mantel toegemaak, en by die bek van die grot gaan staan. Toe hoor hy 'n stem wat vir hom sê: 'Wat maak jy hier?'" Elisa het sy gesig met sy mantel toegemaak, net by die aanhoor van 'n geringe geluid deur God.

Rigters 13:22 sê ook, "Toe sê Manoag vir sy vrou: 'Ons gaan beslis sterf, want ons het God gesien.'" Manoag is die vader van Simson. Jesaja het ook gesê, "Dit is klaar met my! Ek is verlore! Elke woord oor my lippe is onrein, en ek woon onder 'n volk van wie elke woord onrein is. En nou het ek die Koning gesien, die Here die Almagtige" (Jesaja 6:5).

Mense was selfs doodgemaak, wanneer hulle 'n plek of voorwerp wat vir God bedoel was, ontheilig het. Dit was die geval met die mense in Bet-Semes wie gesterf het omdat hulle na die Here se ark gekyk het (1 Samuel 6:19).

Aangesien mense sterf, indien hulle die aangesig van God direk sien, het God Homself indirek geopenbaar. Hy het Homself in die vlam by die bos, of in die vuur of op die wolke vertoon. Somtyds vertoon Hy Homself in wonderwerke soos, met die skeiding van die Rooi See, die son en die maan se stilstand, of in tekens soos die verlamde wat opstaan, die blinde wie weer kon sien, die dowes wie weer hoor, die stommes wie weer kan praat of die dooies wie opgewek word.

God het sy beeld deur die Here Jesus vertoon, soos in Kolossense 1:15 ook gesê word, "Die Seun is die beeld van God, van God wat self nie gesien kan word nie. Die Seun is die Eerste, verhewe bo die hele skepping." Johannes 1:18 sê, "Niemand het God ooit gesien nie. Sy enigste Seun, self God, wat die naaste aan die Vader is, dié het Hom bekend gemaak" en in Johannes 14:9 sê Jesus, "Wie My sien, sien die Vader. Hoe kan jy dan sê: 'Wys vir ons die Vader'?"

Vandag sê baie mense dat hulle in God glo, maar hulle weet regtig nie wie Hy is nie, en hulle verstaan nie Sy hart en wil nie. Hulle kan voorstel hoe God moet lyk, binne hulle eie self-gedagtevermoëns. Dit is soos 'n fonteinpadda wat dink, dat die ronde hemelruim wat hy sien, die hele hemelruim is. Eweneens, daardie mense kan nie ware liefde met God die Vader deel nie, en buitendien, wanneer hulle diegene sien vir wie God liefhet, dink hulled at dit vreemd is.

Jesus Vertoon God se Beeld

Waarom sê Jesus in Johannes 14:9, "Wie My sien, sien die Vader"? Jesus is in God die Vader, en God is in Jesus, daarom is Hulle volkome een. Vir hierdie rede, die woorde wat Jesus gespreek het, was nie Sy eie nie, maar was deur God die Vader gegee.

In Johannes 12:49-50, sê Hy, "Ek het nie uit my eie gepraat nie, maar juis die Vader wat My gestuur het, het My opgedra wat Ek moet sê en wat Ek moet praat. En Ek weet dat sy opdrag die ewige lewe beteken. Wat Ek sê, sê Ek presies net soos die Vader dit vir My gesê het" en in Matteus 15:30-31, "Baie mense het na Hom toe gekom met verlamdes, blindes, gebreklikes, dowes en nog baie ander, en hulle voor hom neergesit. Hy het hulle gesond gemaak, sodat die menigte hulle verwonder het toe hulle sien dat stommes praat, gebreklikes herstel is, verlamdes loop en blindes sien. En hulle het die God van Israel geprys."

Wanneer Jesus voor die Vader met woorde getuig, wys God dat Hy almagtig is deur tekens, wonderwerke en buitengewone en wonderlike dinge. Hulle wie in God glo en Jesus volg, kon God se krag sien, en het aan God glorie gegee. Maar hulle wie nie in Jesus geglo het, het Hom verlaat en het versprei. Hulle het nie in Jesus geglo, selfs al het hulle verbasende werke van God aanskou, net omdat daardie dinge nie met hulle eie teorië en kennis ooreengestem het nie.

Jesus het die ellendige weg van die kruis opgeneem, om die voorsienigheid van die saligheid te vervul, omdat Hy volkome een met God die Vader was. Hy het dieselfde hart as God gehad, wie die mensdom en sondaars wou red, selfs al was dit die lydingsweg. Hy het dieselfde wil as God, dat Hy Homself die soenoffer moes word. Vir hierdie rede, het Jesus hierdie weg sonder teensinnigheid geneem, alhoewel dit so 'n smal en moeilike weg was, om volgens die mens se denkwyse te neem.

Waarom mag ons nie 'n beeld van God maak nie?

In Eksodus hoofstuk 3, het God vir Moses in 'n vlam binne-in 'n doringbos by die berg Horeb geroep. Hy het vir hom gesê om die volk van Israel, wie erg in Egipte ly, na die beloofde land van Kanaän te lei. Wat is die rede waarom God aan hom in 'n vlam, binne-in die doringbos verskyn het?

Vanselfsprekend, wanneer bosse vlamvat sal dit uitbrand. Dit was iets buitengewoon, dat die bosse nie deur die vuur verteer was nie, of dat die vlam nie verdwyn het nie. God was van voornemens dat Moses moes sien, dat daar 'n geestelike onverganklike wêreld is.

'n Bos was ook as iets beskou, om 'n 'vloek' te simboliseer, en dus, omdat God se boodskapper in die vlam van 'n vuur in die bosse verskyn het, beteken dat God is die een wie selfs die vervloekte bos beheer. Op sy beurt verteenwoordig dit, volgens 'n geestelike insig, dat die vyandige duiwel en Satan onder God se beheer is. Moses het 'n persoon geword wie volgens God se siening, na veertig jaar se beproewinge kwalifiseerd was, en ten slotte het God hom geroep om Israel se leier te word.

Maar later, toe God Homself aan die volk van Israel in die vlamme by die berg Horeb openbaar het, kon hulle slegs Sy stem hoor, maar geen beeld sien nie. God het hulle weer later aan hierdie feit herinner, en weer ernstig verbied om enige beeld te maak. "Pas op! Die lewe is vir julle op die spel. Die Here self het met julle op Horeb uit die vuur uit gepraat, al het julle dié dag niemand gesien nie. Moenie julle eie ondergang soek deur vir julle 'n afbeelding as afgodsbeeld te maak nie: nie van 'n man of 'n vrou nie, nie van enige dier op die aarde of van enige voël in die lug nie, nie van enigiets wat op die aarde kruip of van enige vis in die waters onder die aarde nie. Wanneer julle na die hemelruim opkyk, die son, die maan en die sterre, enige hemelliggaam, moet julle nie julle hoop op hulle vestig nie. Moet julle nie laat verlei om hulle te vereer en te dien nie. Die Here julle God het hulle toegeken aan al die volke op die aarde" (Deuteronomium 4:15-19).

Wat was die rede dat God dit gesê het? Mense was geskep met 'n sekere vorm, en daarom het hulle 'n neiging, om ook 'n vorm van God te maak. God was bekommerd dat indien hulle dit doen, sal hulle God se natuur beperk tot die raamwerk van 'n sekere beeld. Indien hulle 'n beeld van God sou maak, sal dit hulle nie help om Hom beter te verstaan nie, maar eerder verhoed word om die ware beeld van God te sien, omdat hulle deur die 'vals' beeld mislei sou word. Op sy beurt, hierdie mag hulle lei tot afgode aanbidding, wat een van die dinge is wat God die meeste verafsku.

God is gees, en hoe kan ons van Hom 'n beeld maak, en Hom uitdruk? So, toe Moses vir God gevra het, om Homself aan hom te wys, het Hy belowe dat Hy al die beelde van goedheid, eerder as die werklike materiële beeld sou toon.

Net soos wat water vries om ys te word, of kook om damp te word, kan God Homself in verskeie vorms toon, deur een natuur te hê. Op hierdie wyse is Hy besig om mense te help, om Hom beter te verstaan, omdat Hy gees is en mense hulle fisiese beperkinge het.

Grootte van God se Vorm

Baie dele van die Bybel het sommige uitdrukkings omtrent God se liggaamsdele soos, 'U oë' (1 Konings 8:29), 'oor' (Nehemia 1:6), en 'hande' (Jesaja 65:2). Het hierdie uitdrukkings net simboliese betekenisse? Dit is nie die geval nie.

God bestaan nie as 'n vormlose leegheid nie. Hy het 'n sekere vorm en is duidelik wesenlik. Maar Hy verskil van mense in die opsig, dat Hy 'n vorm het wat self geestelik is, sonder 'n fisiese liggaam terwyl mense 'n gees, siel en liggaam het. God is in die vorm van helder ligte en ons kan Hom nie direk sien nie. Verder, is Hy prinsipieel verskillend van mense in die opsig, dat Adam eers 'n vorm gehad het en toe met die waarheid gevul was, terwyl God is self die waarheid, en daarna het Hy 'n vorm aangeneem.

Sommige mag dink dat God in 'n baie groot liggaam bestaan, omdat hy die Skepper is wie alle dinge geskep het en daaroor regeer. Natuurlik, Hy het 'n groot vorm, maar Hy kan Sy vorm vrylik verander. Daarom, kan ons nie verstaan hoe Sy vorm lyk, indien ons op 'n menslike wyse daaroor dink nie.

Selfs nadat ons die Hemel ingegaan het, sal ons prinsipieel van God verskil. Mense sal die geestelike liggaam hê, wat die menslike ontwikkeling, in die fisiese liggaam op die aarde deurgegaan het. Nogtans, God kan of 'n vorm hê, of uit Sy huidige vorm beweeg. Maar mense sal vasgevang wees in 'n sekere vorm, wat nooit in die Hemel sal verander nie. Dit is iets soos, ons kan enige vorm van gips maak, maar wanneer ons klaar is met die sekere vorm, kan ons dit nie na die oorspronklike bestanddeel verander nie.

God kan slegs as lig, sonder 'n vorm bestaan, of Hy kan ook 'n vorm aanneem. In die vierde hemel, neem God nie gewoonlik 'n vorm aan nie, en Hy bestaan net as lig en stem. Maar Hy neem 'n vorm aan, wanneer Hy saam met die profete is, of na die derde hemel, die hemelse koninkryk, afkom. Hy neem 'n vorm aan, wanneer Hy in 'n plek is waar Hy 'n vorm moet aanneem, en Hy het nie 'n vorm, wanneer dit nie nodig is nie. Hy kan selfs vrylik die grootte van Sy vorm beheer.

Byvoorbeeld, in die vierde hemel is 'n bestanddeel nie as 'n soliede, 'n vloeistof of gas vasgestel nie. Dieselfde bestanddeel se vorm kan vrylik verander word, soos wat God dit in Sy hart mag goeddunk. So, God het oorspronklik as lig en stem sonder 'n vorm bestaan, maar wanneer Hy na die Derde Hemel afkom, kan Hy 'n spesifieke vorm aanneem.

Die eerste mens, Adam, was volgens dié beeld gemaak, die beeld van God in die derde hemel, wat ook die beeld is wat ons sal sien, wanneer ons in die Hemel kom. Maar selfs, indien

Hy dieselfde vorm het, lyk Hy verskillend wanneer Hy in die vierde hemel is, teenoor wanneer Hy in derde hemel is. Dit is omdat die lig, glorie, waardigheid en alle dinge verskillend lyk, ooreenkomstig tot die verskillende dimensies.

Byvoorbeeld, selfs dieselfde stuk kristal sal verskillend lyk, volgens die soort ligte en die plek waar die kristal geplaas was. Eweneens, die glorie en vorm van die oorspronklike God in die vierde hemel lyk verskillend, in 'n ruimte wat van 'n laer dimensie is. Selfs in dieselfde geestelike koninkryk, lyk die vorms verskillend ooreenkomstig tot die verskillende dimensies. Die verskille sal nog groter wees, indien God na die eerste hemel, die fisiese ruimte afkom.

Buitendien, om God vanaf hierdie fisiese wêreld deur 'n oop gang tot by die geestelike koninkryk te sien, en om God te sien wie na hierdie aarde afgekom het, en 'n beperkte fisiese ruimte aangeneem het, is totaal verskillend. Die profete of die engele kan nie die beperkte fisiese ruimte aanneem nie, dus selfs al verskyn hulle in die fisiese ruimte, is hulle steeds in die geestelike ruimte. Maar God kan enige ruimte aanneem, soos wat Hy dit in Sy hart bewerkstellig, omdat Hy die Skepper is, wie alle soorte van ruimtes skep. Hy kan in die fisiese ruimte verskyn, terwyl Hy in die geestelike ruimte is, en Hy kan ook in 'n fisiese vorm, wat vir mense sigbaar is, verskyn.

God verskyn deur geestelike deurgange

Ons kan baie rekords in die Bybel vind, omtrent God Homself wie na die aarde afgekom het, gedurende die verloop van die menslike ontwikkeling. Hoe het God na die aarde afgekom?

Soos Genesis 11:5 lees, "Die Here het afgekom om te kyk na die stad en die toring wat die mense vir hulle gebou het," God Homself het afgekom na die aarde, om te sien wat die mense doen. En Hy het afgedaal om Moses te sien, soos in Eksodus 19:18 geskrywe, "Die hele Sinaiberg het begin rook toe die Here in vuur daarheen afkom; die rook het opgetrek soos die rook van 'n oond. Die hele berg het ook geweldig geskud" en in Numeri 11:25, "Die Here het toe in die wolk afgekom, met Moses gepraat en 'n deel van die Gees wat op Moses was, op die sewentig laat kom. Toe die Gees op hulle kom, het hulle as profete begin optree, maar daarna nie meer nie."

God is nie gebind deur die tydvloei se veranderings nie. Alle fisiese en geestelike ruimtes behoort aan Hom. Maar die feit bly, dat Hy steeds geestelike deurgange gebruik, om na die aarde af te kom. Hy het nie nodig om deur die geestelike deurgange te kom nie, maar Hy maak so om nie Self die reëls van geregtigheid te verbreek nie.

Selfs hoewel God Homself daar was, kon die mense van vlees op daardie stadium Hom nie sien nie. Maar hulle wie se geestelike oë geopen was, en wie met God kommunikeer, kon God sien ooreenkomstig tot die mate wat hulle geestelik geword het. Natuurlik, dit is nie om God van aangesig tot aangesig te sien nie, maar hulle kon Hom sien en aanvoel binne die beperkinge soos deur God toegelaat.

Eksodus 33:11 sê, "Die Here het direk met Moses gepraat soos 'n man met sy vriend." Maar dit beteken nie dat Moses God se gesig direk gesien het nie." Dit beteken dat God Hom aan Moses op 'n spesiale wyse vertoon het, sodat Moses nie sal sterf, nadat hy God se glorie gesien het. Dit was omdat Moses sagmoediger en nederiger as enigiemand op die aarde was, en hy was getrou ten opsigte van al God se werksaamhede.

Eksodus 33:18-19 sê, "Toe sê Moses, 'Laat ek tog net u magtige verskyning sien!' Maar die Here sê: 'Ek sal al my voortreflikheid voor jou laat verbykom en Ek sal die Naam 'die Here' vir jou uitroep, want Ek betoon genade aan wie Ek genade wil betoon en Ek ontferm My oor wie Ek My wil ontferm.'"

Maar in Eksodus 33:23, kan ons verstaan dat Moses nie God se gesig gesien het nie, maar Sy rug. Hy was sagmoediger en nederiger as enigiemand op die aarde, en getrou ten opsigte van al God se werksaamhede, en nogtans was hy nie beskore om God se beeld direk te sien nie, omdat hy gebonde was deur sy fisiese liggaam se beperkinge.

God het aan Abraham verskyn

In Genesis hoofstuk 18, lees ons dat Abraham drie persone op sy heel beste gedien het. Dit was die geleentheid toe God, die Heilige Gees, en twee aartsengele in 'n menslike vorm verskyn het. God, die Heilige Gees, is een met God die Vader en Hy kan in 'n menslike vorm verskyn, deur die fisiese ruimte aan te neem, soos wat Hy dit in sy hart bewerkstellig.

Hoe, dan, kon die twee aartsengele in 'n menslike vorm verskyn? Hulle kan nie 'n fisiese ruimte volgens hulle eie vermoë aanneem nie, maar dit was moontlik gemaak, omdat hulle saam met God die Heilige Gees in die ruimte van God die Heilige Gees was. Alhoewel God, die Heilige Gees, en die twee aartsengele in 'n menslike vorm verskyn het, beteken dit nie dat hulle dieselfde as menslike wesens was nie. Dit was net dat hulle 'n menslike vorm bo-op hulle geestelike vorm aangeneem het, sodat hulle geestelike vorm in die fisiese ruimte gesien kon word.

Die drie van hulle, naamlik God die Heilige Gees en die twee aartsengele het die voedsel wat Abraham vir hulle voorberei het, geëet (Genesis 18:8), maar hulle manier van eet, het van die mens se manier van eet verskil. Hulle het nie gekou, en die voedsel laat verteer soos mense maak nie, maar so gou as wat hulle geëet het, het die voedsel net in die lug verdwyn. Dit was baie dieselfde soos toe die opgestane Here 'n bietjie voedsel geëet het, en die voedsel was soort van opgelos,en deur asemhaling uitgelaat. Natuurlik, deur vir 'n oomblik 'n fisiese ruimte aan te neem, was nie dieselfde as om in 'n opgestane liggaam te wees nie. Die opgestane liggaam is 'n fisiese liggaam op die aarde wat in 'n geestelike liggaam verander, maar vir die drie persone op daardie tydstip, het hulle oombliklik in die liggaam bestaan, wat geskik was om in die fisiese ruimte te wees.

Die rede waarom God, die Heilige Gees, saam met twee aartsengele na die aarde moes afkom, en 'n fisiese ruimte moes aanneem, was om direk na Sodom en Gomorra te kyk. Natuurlik, hy kon in die gees afgekom het om dit te doen, maar Hy het 'n rede gehad om na die land te gaan, en dit persoonlik te sien.

Die twee aartsengele het in menslike vorm verskyn, en dit is waarom hulle sekerlik kon verifieer, hoe bedorwe die mense daar was. Hulle het die skoonheid van die twee aartsengele gesien, en gedink hulle kan met hulle sonde pleeg. God, die Heilige Gees, en die twee aartsengele kon direk die sonde van die mense van Sodom en Gomorra ervaar, omdat hulle in werklike menslike vorm voor hulle verskyn het.

Genesis 18:13 sê, "Toe vra die Here vir Abraham..." Hiervan kan ons aflei, dat die een wie voor Abraham verskyn het, die

Here God was. Maar daar word gesê dat hy drie persone gesien het, sodat ons die manier kan verstaan, waarop God voor Abraham verskyn het.

Daar was verskeie maniere, waarop God aan Abraham verskyn het. Hy kon aan Abraham in 'n droom of 'n visioen verskyn, of deur middel van net Sy stem. Hierdie was die metodes wat Abraham, wie in die fisiese ruimte was, se geestelike oë geopen het, sodat hy God, wie in die geestelike ruimte was, kon sien en voel. In sulke gevalle, kan jy God slegs sien en Sy stem hoor, wanneer jou geestelike oë en ore geopen is. Indien jou geestelike oë nie geopen is nie, kan jy nooit sien wat geestelik aangaan nie, selfs al is God met jou.

Maar toe God saam met twee aartsengele verskyn het, was dit 'n totaal verskillende geval. Op daardie stadium was dit nie net die opening van geestelike ruimte in die fisiese ruimte, om Homself in die fisiese ruimte sigbaar te maak nie. Dit was 'n geval waar Hy werklik afgekom het, na die fisiese ruimte. Hoewel tot 'n beperkte mate, het Hy 'n fisiese ruimte aangeneem, om na die fisiese ruimte af te kom.

Indien die eersgenoemde is soos om God se beeld op TV te sien, dan is die laasgenoemde soos God wat uit die TV afkom. Indien God afkom na die fisiese ruimte, deur die beperkte fisiese ruimte aan te neem, kan mense Hom sien, selfs al is hulle geestelike oë nie geopen, en in so 'n geval kan God as 'n menslike wese gesien word.

Die Here in die vorm van 'n sterk glans

Nou, waarna lyk die Seun van God se voorkoms? Somtyds hoor ons van mense wat sê dat hulle die Here in drome of visioene gesien het. Die meeste van hulle sê dat Hy vol genade en liefde was, en dit is omdat Hy Sy lig weggeneem het, om aan hulle Homself met 'n voorkoms, vol van genade en liefde te wys. Indien Hy die goddelike mag en waardigheid toon, wat op dieselfde vlak as God die Skepper is, sal niemand dit waag om direk na Hom te kyk nie.

Dit is die rede waarom ons nie die Here in die Hemel sal sien nie, tensy ons vrede met alle mense nastrewe, en heilig lewe (Hebreërs 12:14). Die lig van die Here is net te sterk. Slegs hulle wie geestelik en volkome geestelik word, sal in staat wees om die Here te kan sien, omdat die lig van hulle eie geestelike liggaam ook baie sterk sal wees.

Die apostel Johannes het die voorkoms van die Here in sy visioen gesien. Hy beskryf die oë, voete, en hare van die Here breedvoerig. Ons kan ons ook die voorkoms van God die Vader voorstel, aan die hand van die beskrywing van die Here se voorkoms.

Die Openbaring 1:14-15 sê, "Die hare op sy kop was wit soos wit wol, soos sneeu, en sy oë het soos vuur gevlam. Sy voete was soos geelkoper wat in 'n smeltoond gloei, en sy stem soos die gedruis van 'n groot watermassa."

Dit sê dat die Here se hare was wit soos wit wol, en dit beteken dat Hy vry van sonde is, en Hy staan in die middel van die volmaakte goedheid. Dit sê Sy oë is soos 'n vlammende vuur, maar dit beteken nie dat Sy oë vreesagtig is nie. Dit beteken dat hulle die omgewing ophelder, en ander laat warm voel. Dit beteken ook hulle alle sondes en kwaad verbrand. Niemand kan vir die Here se oë wegkruip nie, en alles sal duidelik voor Hom geopenbaar word. Dit sê dat Sy voete soos glansende brons vertoon. Hoe meer jy dit verfyn, hoe suiwerder sal die brons wees. Baie keer in die letterkunde vergelyk hulle die oë van 'n pragtige vrou met flikkerende sterre of die lippe met kersies. Net so vergelyk Johannes die Here se voete met glansende brons. Voete is die liggaamsdele wat deur mense as die vuilste beskou word. En Johannes skryf dat selfs die voete van die Here baie heilig en deftig is.

Die Openbaring 1:16-17 sê ook, "...Sy hele voorkoms was soos die son wat op sy helderste skyn. Toe ek Hom sien, het ek by sy voete neergeval en bly lê soos een wat dood is. Hy het toe met sy regterhand aan my gevat en vir my gesê: 'Moenie bang wees nie, dit is Ek, die Eerste en die Laaste...'"

Die apostel Johannes was 'n geheiligde en betaamlike mens om openbaringe vanaf God te ontvang, maar hy het soos 'n dooie persoon voor God geword. Die Here het Sy regterhand op Johannes geplaas en gesê, dat hy nie bang moet wees nie. Dit beteken dat die Here vir hom die taak opgelê het, om die boek Die Openbaring te skryf, wat baie mense sal laat ontwaak teen die eindtyd, deur Sy hand op hom te lê en hom te seën. Dit was ook dat die Here vir Johannes wou opbeur, sodat hy sy plig in vrede kon vervul.

God se Beeld Volgens Apostel Johannes se Mening

Die apostel Johannes het God se troon en alles rondom dit gesien, en daaroor in Die Openbaring hoofstuk 4 geskrywe. Hy het 'n gebeurtenis gesien, wat sal plaasvind baie lank nadat hy dit opgeteken het. Soos in hierdie geval, met God se toestemming, kan ons enige plek en enige punt tydsgewys in die verlede of toekoms wees, deur die oorskryding van ruimte en tyd. Ons kan die Hemel en die Hel sien, die tyd voor die Skepping, en ook die Oordeel van die Groot Wit Troon, wat in die toekoms sal plaasvind.

In die geval van die apostel Johannes was sy gees verdeeld, om die geestelike koninkryk te sien. Hier, die verdeling van die gees, verwys na iemand se gees wat uit sy liggaam kom. Jy kan die geestelike koninkryk deur 'n visioen ook sien, maar in 'n visioen kan net dele daarvan gesien word. Vir hierdie rede, wanneer God vir ons 'n groter prent daarvan wil wys, werk Hy deur die verdeling van gees. Dus, hoe kon die apostel Johannes God en Sy troon gesien het?

Hy het so baie beproewinge en vervolgings in die naam van die Here deurgemaak, totdat hy negentig jaar oud geword het. Hy was in 'n pot kokende olie gegooi, maar het deur God se toedoen nie gesterf nie. Hy was uiteindelik na Patmos Eiland verban. Hy het openbaringe vanaf God ontvang, na diepsinnige gebede op die eiland. Hy was teen daardie tyd volkome heilig, as gevolg van die diepsinnige gebede en die baie beproewinge, waardeur hy gegaan het. Hy het openbaringe in die staat van heiligheid ontvang, en dit is waarom sy gees so hoog as die troon van God kon gaan.

In Die Openbaring 4:3 het hy die troon van God soos volg uitgebeeld:

Sy voorkoms was soos opaal en karneool. Om die troon was daar 'n reënboog met die glans van smarag.

In God se spesiale voorsienigheid het Johannes vir God en Sy troon gesien, maar hy kon nie God se gesig duidelik sien nie, omdat die ligte wat vanaf Sy gesig uitstraal, te sterk was. Net soos wat ons nie na skerp sonlig kan kyk, as gevolg van die skerp lig nie, kan ons ook nie die beeld van God, wie Lig is, sien solank as wat ons geestelike duisternis in ons het nie. Om in staat te wees om God se beeld te sien, moet ons die sonde verwerp en 'n hart soos God verkry, om 'n volmaakte lig word. Slegs hulle wie die Derde Koninkryk of hoër ingaan, kan God se beeld sien.

Johannes se gees het na God se troon opgegaan, maar hy kon nie die eintlike vorm van God se gesig sien nie. So, hy het gesê, God was soos opaal en karneool in voorkoms.

'Soos opaal steen' beteken dat daar baie verskillende soorte lig vanaf God uitstraal. Indien jy soos opaal skitter, sal dit baie soorte pragtige ligte reflekteer, en net so is daar baie soorte ligte van God afkomstig. Karneool dra ook die betekenis van 'suiwerheid, vry van vlekke, eerlik en regverdig'. Johannes, die apostel, beskryf God deur Hom met 'n kosbare edelsteen te vergelyk, wat die mense op die aarde as kosbaar beskou.

'Soos karneool' simboliseer dat God is helder en glinsterend, en Hy is pragtig soos 'n vuurvlam. Karneool, wat rooi van kleur is, bevat die lig van die Heilige Gees, wie in God is. God die Vader en God die Heilige Gees is een, en die lig wat die Heilige Gees bewerkstellig, word ook in God die Vader gevind. Daarom, die kleure van opaal en karneool word oor die algemeen in die Drie-eenheid gevind.

Die 'Reënboog' simboliseer belofte (Genesis 9:12-13). God vertoon 'n reënboog as 'n teken van Sy belofte, dat Hy nooit weer die mensdom met water na Noag se vloed, sal straf nie. Johannes vergelyk die vorm van die reënboog wat God se troon omsirkel, en die ligte wat daaruit straal, met smarag. Hy hou van die reënboog se kleure, soos smararg, binne die perke van sy kennis.

Smarag simboliseer God se standvastigheid, dapperheid en krag. In 'n laservertoning sien ons verskillende ligte wat op verskillende oomblikke uitstaan. Verskillende kleure ligte verskyn in volgorde, of hulle meng saam, om 'n mooier toneel te skep. Wanneer mense hierdie tonele sien, sal elkeen die lig verskillend uitdruk. Sommige mag dalk net op 'n paar spesiale kleure fokus, terwyl ander probeer om die gemengde kleure aan die hand van 'n voorbeeld te verduidelik.

Die apostel Johannes het ook die lig gesien, wat vanaf God gestraal het, en die troon van God, asook die ligte van verskillende kleure afkomstig van die sirkelende reënboog om dit, en hy het dit uitgedruk deur middel van voorbeelde, van kosbare edelstene. Dit is moeilik om die hemel se skoonheid aan die hand van aardse voorwerpe, as voorbeelde te beskryf. Daarom, ons moet nie net dink dat die ligte wat vanaf God en Sy troon uitstraal, is soos 'n aantal edelstene nie, maar probeer om die skoonheid van daardie kleurvolle ligte, deur die besieling van die Heilige Gees te voel.

Deelname aan die Goddelike Natuur

In die vierde hemel bestaan God as lig, wat die welluidende stem daarin bevat. Dit is die plek wat die sterkste lig het, met die pragtigste kleure wat onvergelykbaar is. Die misterie en helderheid van die ligte, ten opsigte van die oorspronklike God, vul die hele ruimte. Dit kan in geen menslike taal met enigiets op die aarde vergelyk word nie. Indien iemand daardie ruimte binnegaan, kan hy die verborge ligte van God sien, en die breedte van Sy hart voel. Slegs 'n paar uitgesoekte persone, wie dieselfde ruimte ontwikkel het en 'n groot hart soos God, kan daardie ruimte met God se toestemming ingaan. Indien 'n ongekwalifiseerde persoon daardie ruimte ingaan, sal sy gees versprei en verdwyn.

Ons sal dieselfde goeie hart soos God hê, indien ons die dimensie van volmaakte lig, as kinders van die Lig, ingaan. Dan, sal die dinge gedoen word, soos wat ons dit in ons harte bewerkstellig, en ons kan ondenkbare krag van God vertoon. Om dit te kan doen, moet ons God se verlore beeld herwin, en 'n hart soos God bekom. Ons kan met God kommunikeer tot die mate wat ons alle vorme van sonde verwerp, en volkome gees ten uitvoer bring, om die volmaakte lig te word. Wanneer ons eers hierdie stadium bereik het, sal ons enigiets ontvang waarvoor ons in ons gebede vra, en sal ons ook 'n hoë posisie in die koninkryk van die hemel beklee.

Ooreenkomstig tot die mate wat ons heiligheid bereik, en met God se hart ooreenstem, kan ons God se ruimte benut wat verby die menslike beperkinge gaan, terwyl ons ook God se beeld kan sien. Moses het God se beeld gesien, omdat hy die nederigste van alle mense op die aarde was, en getrou in al God se werksaamhede was. Abraham het vir God gesien, wie in 'n fisiese vorm na die aarde afgekom het, omdat hy baie naby aan die volmaakte lig was.

God het die plan vir die menslike ontwikkeling gemaak, om ware kinders te bekom, en Hy het ons gevul met alles wat betrekking het op die lewe en heiligheid, met Sy verborge krag. Daarom, ons moet probeer om ewemin nutteloos of onvrugbaar, ten opsigte van ons Here Jesus Christus se ware kennis te wees. Ons kan standvastig staan met die roeping en keuse van God, omdat ons deur ons geloof, geestelike voortreflikheid voorsien, en deur ons geestelike voortreflikheid, kennis, en deur ons kennis, selfbeheersing, en deur ons selfbeheersing, volharding, en deur ons volharding, vroomheid, en deur ons vroomheid, broederlike vriendelikheid, en deur ons broederlike vriendelikheid, liefde.

2 Petrus 1:3-4 lees, "Sy Goddelike krag het ons alles geskenk wat ons nodig het om te lewe en Hom te dien. Dit kom deurdat ons Hom ken wat ons geroep het deur sy heerlikheid en mag. Deur dit te doen, het Hy ons die kosbaaarste en allergrootste gawes geskenk wat Hy belowe het. Daardeur kan julle die verderf ontvlug wat deur begeerlikheid in die wêreld werksaam is, en deel kry aan die Goddelike natuur."

Vir ons om deel te neem aan die goddelike natuur, is om volmaakte lig ten uitvoer te bring, wat goed genoeg is om deur God se lig geabsorbeer te word. Op hierdie wyse kan ons kwalifikasie verkry, om God se ruimte in te gaan. Om deel te neem aan die goddelike natuur, is wanneer ons die lig ten uitvoer bring, wat dieselfde is as die volmaakte lig van God en voortgaan, na die ruimte waar die oorspronklike God woon. Nou, wat moet ons doen om deel te neem aan die goddelike natuur?

Eerstens moet ons 'n volmaakte geestelike hart ontwikkel

Ons moet een met God, wie gees is word, en daarom moet ons 'n volmaakte geestelike hart ontwikkel. Indien ons enige vorm van sonde, vleeslike gedagtes, of ons eie raamwerk van denke het, kan ons nie aan die goddelike natuur deelneem nie. Ons moet alle soorte sonde verwerp (1 Tessalonisense 5:22) en alle vleeslike gedagtes (Romeine 8:6), om 'n geestelike hart te hê.

Om 'n geestelike hart te hê, is om 'n volkome geestelike, ware en opregte hart, soos waarna God vir ons verlang, te hê. Eers nadat ons so 'n hart het, kan ons verstaan wat God, die Here en die Heilige Gees werklik verlang. Jesus het na die aarde gekom, en honger, droefheid, moegheid en pyn te ervaar. Hy het die Woord van God beoefen, en die Wet met liefde volbring.

Selfs hoewel Hy so baie pyn deurgemaak het, omdat Hy die liggaam van 'n menslike wese gehad het, het hy steeds die wil van God gevolg. Hy het nie getwis of Sy stem verhef nie, maar die wil van God volkome vervul, deur Homself te offer. Daarom, moet ons nie verskonings maak, deur te sê dat menslike wesens swak is nie. Ons moet aan die goddelike natuur deelneem, deur alle vorme van sondes te verwerp, en goddelike dade en harte te hê.

Watter soort hart het jy? Ek het die kwalifikasies verduidelik, wat benodig word om die ruimte van lig te kan ingaan, en daarvolgens kan ons, onsself kontroleer. Ons kan kontroleer tot watter mate ons werke van die vlees, dinge van die vlees, en sonde verwerp het; en tot watter mate het ons die soort goedheid ontwikkel, wat God verlang; hoe lief ons vir God uit ons hart het, en geur van goedheid uitstraal; en tot watter mate dra ons die nege vrugte van die Heilige Gees en vrugte van die Saligsprekinge.

Met betrekking tot vrede, byvoorbeeld, indien ons met almal vrede kan hê, beteken dit dat ons 'n geestelike hart het, dat ons naby die Here se lig is, en dat ons tot dieselfde mate aan die goddelike natuur deelneem. Ons kan sê dat ons 'n volmaakte hart van gees het, slegs wanneer ons die vrugte van die Heilige Gees dra, die geestelike liefde soos in 1 Korintiërs 13 vind, die vrugte van die Saligsprekinge, en vrugte van die Lig, en nie net teen 50% of 60% nie, maar 100% voortbring.

Tweedens, ons moet bid vir die besieling van die Heilige Gees

God wil nie 'n "geurige" gebed ontvang, wat uit pligsgevoel gedoen word nie. Hy wil hê dat ons uit ernstigheid sal bid, om God se hart te ontwikkel. Mense mag vir dieselfde tydsduur bid, maar die aroma van elkeen se hart verskil, van persoon tot persoon. Sommiges is net tevrede deur die feit dat hulle die hoeveelheid gebede per dag gedoen het, terwyl ander nie eers besef hoeveel tyd tydens gebede verloop het, omdat hulle so gelukkig is om met God in gebed te tree, sodat hulle hulself kan verander deur hulle liefde vir Hom.

Ons is veronderstel om werke van die geestelike koninkryk in die fisiese wêreld te vertoon. Om dit te kan doen, moet ons krag en mag van God, wie in die geestelike ruimte woon, ontvang. Daarom, ons gebede moet nie net uit pligsgevoel, aangebied word nie. God wil hê dat ons uit ons hele hart moet bid, omdat ons Hom liefhet.

Om krag van God te ontvang, moet ons geestelike gebede aanbied, wat die fisiese ruimte kan deurdring en die geestelike ruimte kan open. Om dit te doen moet ons nie bid, wanneer dit ons pas, of terwyl ons met dwaalgedagtes besig is nie. Sulke gebede kan nie die fisiese ruimte deurdring nie. Dit sal net vermors word. God kan nie deur sulke gebede aangeraak word nie. Indien julle kinders hardkoppig vra, vir alles wat hulle uit gulsigheid wil hê, hoe sal julle as ouers voel? Julle sal moontlik teleurgesteld wees.

1 Korintiërs 2:10 sê, "Aan ons dan het God dit deur die Gees bekend gemaak, want die Gees deursoek alle dinge, ook die diepste geheimenisse van God." Ons moet bid deur die besieling

van die Heillige Gees, wie in ons harte is. Dan, sal ons in staat wees om vir die dinge, wat ooreenkomstig God se wil betaamlik is te bid, en ons sal ook verstaan wat om te doen. Ons sal in staat wees om die hek van die geestelike ruimte te open, en met God wie in die geestelike dimensie is te kommunikeer, omdat ons met die Heilige Gees wie in ons is, verenig sal wees.

Derdens, ons moet almal liefhê en aanvaar met rein grootmoedigheid

Die geestelike hart wat God se hart verteenwoordig, bevat reeds liefde en grootmoedigheid, maar ek plaas weereens 'n klem op liefde en grootmoedigheid. Dit is omdat ons in staat moet wees, om enigiemand rondom ons lief te hê, omdat ons God liefhet, en moet 'n breë hart en grootmoedigheid hê, om in staat te wees om almal te aanvaar. Ons moet vol liefde en grootmoedigheid wees, en sorg aan elkeen rondom ons verleen, wie 'n moeilike tyd deurmaak en wie se vermoeidheid toeneem. Die hart van God is breed sonder mate, maar Hy is so broos en sorgsaam, dat Hy vir weeskinders en weduwees omgee, asook die situasies van die verwaarloosdes.

Wanneer ons vir selfs klein dingetjies met liefde omgee, en ander met ons grootmoedigheid opbeur, is dit om aan die goddelike natuur deel te neem. Ons moet onsself herken, en deur God se Woord verander, om aan die goddelike natuur deel te neem.

Wanneer ons 'n volkome hart van lig het en aan die goddelike natuur deelneem, soos wat ek voorheen verduidelik het, kan ons in die ruimte van lig en God se ruimte ingaan. Indien ons die ruimte van God ingaan, sal ons in staat wees om die spesiale lig van daardie ruimte te sien. Ons sal ook God se hart voel, wat so breed en groot is. Verder, selfs hoewel ons fisiese liggaam in die fisiese ruimte is, sal ons God se ruimte wat ons in ons hart besit, gebruik om sulke wonderlike dinge uit te voer, wat bokant die mens se denkvermoë is.

1 Johannes 1:5 sê, "Dit is nou die boodskap wat ons by Hom gehoor het en aan julle verkondig: God is lig, en daar is geen duisternis in Hom nie." Indien ons in die volmaakte lig van God woon, beteken dit dat ons dieselfde hart as God het, en enigiets wat ons in ons hart bearbei, sal verwesenlik word, en ons sal groot krag uitvoer, wat mense as ondenkbaar sal beskou.

Ek bid in die naam van die Here dat julle almal sulke kwalifikasies sal verkry, dat julle op die aarde al die seëninge sal geniet, wat Abraham geniet het, en in die heerlikste posisies in die Hemel, 'n ewige ruimte van lig, sal ingaan.

Outeur:
Dr. Jaerock Lee

Dr Jaerock Lee is in 1943 in Muan, Jeonnam Provinsie, Republiek van Korea gebore. Gedurende sy twintigerjare het Dr Lee vir sewe jaar gely aan 'n verskeidenheid ongeneeslike siektetoestande, en op die dood gewag, met geen hoop op herstel nie. Alhoewel eendag gedurende die lente van 1974 het sy suster hom saamgeneem kerk toe. Terwyl hy gekniel het om te bid, het die lewende God hom onmiddellik van al sy siektes genees.

Vanaf die oomblik wat hy die lewende God ontmoet het, deur die wonderlike ervaring, het Dr Lee vir God met sy hele hart opreg liefgehad, en in 1978 was hy as 'n dienskneg van God geroep. Hy het vuriglik gebid met ontelbare vastingsgebede sodat hy duidelik die wil van God kon verstaan, en dit volledig ten uitvoer kon bring, en die Woord van God gehoorsaam. In 1982 het hy die Manmin Sentrale Kerk in Seoul, Korea gestig, waar ontelbare wonderwerke van God, insluitende wonderbaarlike genesings, tekens en wonderwerke al plaasgevind het. Sedertdien gaan dit by sy kerk nog steeds voort.

In 1986 was Dr. Lee as 'n pastoor by die jaarlikse vergadering van die Jesus Sungkyul Kerk van Korea georden, en vier jaar later in 1990, was daar begin om sy preke na Australië, Rusland en die Filippyne uit te saai. Binne 'n baie kort tydperk was meer lande deur middel van die 'Far East Broadcasting Company, die Asia Broadcast Station, en die Washington Christian Radio System' bereik.

Drie jaar later, in 1993, was Manmin Sentrale Kerk aangewys as een van die "World's Top 50 Churches" deur die Christelike Wêreld tydskrif (VS) en hy ontvang 'n Ere Doktorsgraad van die Christelike Geloofs Kollege, Florida, VSA, en in 1996 ontvang hy sy Ph. D. in Teologie van Kingsway Teologiese Kweekskool, Iowa, VSA.

Seder 1993 het Dr Lee wêreld evangelisasiewerk uitgebou deur baie oorsese kruistogte in Tanzanië, Argentinë, Los Angeles, Baltimore Stad, Hawaii, en New York Stad van die VSA, Uganda, Japan, Pakistan, Kenia, Die Filippyne, Honduras, Indië, Rusland, Duitsland, Peru, Demokratiese Republiek van die Kongo, Israel en Estonia aan te bied.

In 2002 was hy as 'n "worldwide revivalist" vir sy kragtige evangeliebediening in verskeie oorsese kruistogte, deur die groot Christelike nuusblad in Korea, erken. In besonder was sy 'New York Crusade 2006' gehou in Madison Square Garden, die wêreld se beroemdste optree arena. Die optrede was na 220 nasies uitgesaai, en in sy 'Israel United Crusade 2009', gehou by die Internasionale Byeenkoms SentrumConvention (ICC) in Jerusalem, het hy dapper aangekondig dat Jesus Christus, waarlik die Messias en Redder is.

Sy preke word na 176 nasies per satelliet insluitende GCN televisie uitgesaai. Hy was ook as een van die 'Top 10 Most Influential Christian Leaders' van 2009 gelys. In 2010 ook by die populêre Russiese Christelike tydskrif, In Victory, en die nuusagentskap Christelike Telegraaf, vir sy kragtige evangeliebediening tydens televisie-uitsendings, en oorsese kerklike pastoraatwerk.

Sedert Mei 2013 het Manmin Sentrale Kerk 'n gemeente van meer as 120,000 lidmate. Daar is wêreldwyd meer as 10,000 kerktakke insluitende 56 plaaslike kerktakke, en meer as 129 sendelinge is na 23 verskillende lande gesekondeer, insluitende die Verenigde State, Rusland, Duitsland, Kanada, Japan, China, Frankryk, Indië, Kenia, en baie meer tot dusver.

Tot op datum van hierdie publikasie het Dr Lee reeds 85 boeke, waar onder topverkopers soos, 'Tasting Eternal Life before Death, My Life My Faith I & II, The Message of the Cross, The Measure of Faith, Heaven I & II, Hell, Awaken, Israel!, en The Power of God', geskryf. Sy werke is in meer as 75 verskillende tale vertaal.

Sy Christelike kolomme verskyn in, 'The Hankook Ilbo, The JoongAng Daily, The Chosun Ilbo, The Dong-A Ilbo, The Munhwa Ilbo, The Seoul Shinmun, The Kyunghyang Shinmun, The Korea Economic Daily, The Korea Herald, The Shisa News, and The Christian Press.'

Dr Lee is huidiglik 'n leiersfiguur by baie sendingorganisasies en verenigings. Posisies sluit in: 'Chairman, The United Holiness Church of Jesus Christ; President, Manmin World Mission; Permanent President, The World Christianity Revival Mission Association; Founder & Board Chairman, Global Christian Network (GCN); Founder & Board Chairman, World Christian Doctors Network (WCDN); and Founder & Board Chairman, Manmin International Seminary (MIS).'

www.ingramcontent.com/pod-product-compliance
Lightning Source LLC
Chambersburg PA
CBHW050511160726

48003CB00001B/259